Sudoku Easy Puzzles
Super Large Print

Brain Workouts To Keep Your Brain Young

With 200 Funny Quotes About Life

Popular Printables

How To Solve A Sudoku Puzzle

Sudoku is a great way to keep your brain sharp and help to improve your memory. It's fun as well as challenging.

The idea is not to repeat any numbers while you're filling in the grid. First you'll notice the larger sudoku grid that consists of nine boxes. Then you'll see there is a smaller identical grid in each of those boxes. They are nine squares in each of the smaller grids and some of those squares will have numbers filled out. Those numbers cannot be changed.

This is a brief overview of how it is played:

- You'll only be using the numbers one through nine.
- Fill in each of the squares with one number, again using only numbers one through nine.
- Numbers can't in the smaller grids.
- Numbers can't repeat in any down column.
- Numbers can't repeat across any row.

When the puzzle is correctly solved, all 9 rows, 9 columns and the nine 3x3 blocks will contain the numbers 1 through nine with no repeats.

One technique is to look for squares where there is only one possible number that can go in that square. Whatever that number is, write it in. Then use those answers to go from there.

Some people like to use a pencil and write in possible answers, then use a process of elimination. Then keep erasing the wrong possibilities until only one answer remains.

Be sure not to guess. If you do that it's much harder to correct later on.

Puzzle #1

EASY

	5	2	4	8	1	9		7
				2		3		
6		9			7			2
4		6			5			
7				6		4	9	
5		1		4	2	7	8	
1				9			2	8
				1	8	5		
	8	4					7	

"The difference between stupidity and genius is that genius has its limits." - Albert Einstein

Puzzle #2

EASY

9	4	5			8	1	2	7
	6		5					8
	8			9	2			
3	9		1			6	5	2
2				8	5			
	7		9		3		1	4
		9		7	1		6	
			4	5		3		
6		7				4		

**"The only mystery in life is
why the kamikaze pilots wore helmets." - Al McGuire**

Puzzle #3

EASY

4			5			8	9	
7			4	2		6		3
	5		9		8			
				4			7	6
9			6				2	
	4	5		3	7			9
	6	4	7		2	9		
	2		5					8
	3			6		4	1	

people appear bright until you hear them speak."
– Alan Dundes

Puzzle #4
EASY

1			3	4		2		7
		5		6				1
					1		5	6
	4	6						9
9		8	2			7		3
6				9	3	8		
	2					1	9	
5		9	1	3	2	4		8
	7		5	8				

"All right everyone, line up alphabetically according to your height." - Casey Stengel

Puzzle #   1

3	5	2	4	8	1	9	6	7
8	1	7	6	2	9	3	5	4
6	4	9	5	3	7	8	1	2
4	9	6	8	7	5	2	3	1
7	2	8	1	6	3	4	9	5
5	3	1	9	4	2	7	8	6
1	7	5	3	9	4	6	2	8
2	6	3	7	1	8	5	4	9
9	8	4	2	5	6	1	7	3

Puzzle #   3

4	1	2	3	5	6	8	9	7
7	9	8	4	2	1	6	5	3
3	5	6	9	7	8	2	4	1
2	8	3	1	9	4	5	7	6
9	7	1	6	8	5	3	2	4
6	4	5	2	3	7	1	8	9
8	6	4	7	1	2	9	3	5
1	2	9	5	4	3	7	6	8
5	3	7	8	6	9	4	1	2

Puzzle # 2

9	4	5	3	6	8	1	2	7
7	6	2	5	1	4	9	3	8
1	8	3	7	9	2	5	4	6
3	9	8	1	4	7	6	5	2
2	1	4	6	8	5	7	9	3
5	7	6	9	2	3	8	1	4
4	3	9	8	7	1	2	6	5
8	2	1	4	5	6	3	7	9
6	5	7	2	3	9	4	8	1

Puzzle # 4

1	9	6	3	4	5	2	8	7
2	8	5	9	6	7	3	4	1
3	4	7	8	2	1	9	5	6
7	3	4	6	1	8	5	2	9
9	1	8	2	5	4	7	6	3
6	5	2	7	9	3	8	1	4
8	2	3	4	7	6	1	9	5
5	6	9	1	3	2	4	7	8
4	7	1	5	8	9	6	3	2

Puzzle #5

EASY

1			3				7	9
			8	1	4	3		5
	5			7				2
8			9		3	1		
		1			8			
2			1	4		6		
		9			7	2	3	
	2	8			1			6
	1	4				7	5	8

"All the things I really like to do are either immoral, illegal or fattening." - Alexander Woollcott

Puzzle #6

EASY

2					3				
4	6		2	5	9	3	1	
	7	1		8			2	5
		7	3			4		
	2		4		8		5	3
	3				7	2		
1		9	8			6		
	4		9					8
	8			2	6			4

"He who laughs last didn't get the joke."
– Charles de Gaulle

Puzzle #7

EASY

4		5	1		9		7	3
	3		6			1	9	
		9		4	8			
9	7			8				
			7				5	
		1		3	6	2		
		6	4	7	1		2	
	5		2	6			8	9
3	2	4					1	

"I always arrive late at the office, but I make up for it by leaving early." – Charles Lamb

Puzzle #8

EASY

	5	2	8			1	9	
7	4				3			6
		1		5				
4				6			8	1
5	8		3	2		4		9
	1	3		8	4			5
					6		3	8
			1			9		
8			4	3		7		

"I don't believe in Astrology. I'm a Sagittarius and we're skeptical." - Arthur C. Clarke

Puzzle # 5

1	8	6	3	5	2	4	7	9
9	7	2	8	1	4	3	6	5
4	5	3	6	7	9	8	1	2
8	4	5	9	6	3	1	2	7
6	3	1	7	2	8	5	9	4
2	9	7	1	4	5	6	8	3
5	6	9	4	8	7	2	3	1
7	2	8	5	3	1	9	4	6
3	1	4	2	9	6	7	5	8

Puzzle # 7

4	6	5	1	2	9	8	7	3
2	3	8	6	5	7	1	9	4
7	1	9	3	4	8	5	6	2
9	7	2	5	8	4	6	3	1
6	4	3	7	1	2	9	5	8
5	8	1	9	3	6	2	4	7
8	9	6	4	7	1	3	2	5
1	5	7	2	6	3	4	8	9
3	2	4	8	9	5	7	1	6

Puzzle # 6

2	9	5	7	3	1	8	4	6
4	6	8	2	5	9	3	1	7
3	7	1	6	8	4	9	2	5
5	1	7	3	6	2	4	8	9
9	2	6	4	1	8	7	5	3
8	3	4	5	9	7	2	6	1
1	5	9	8	4	3	6	7	2
6	4	2	9	7	5	1	3	8
7	8	3	1	2	6	5	9	4

Puzzle # 8

6	5	2	8	4	7	1	9	3
7	4	8	9	1	3	2	5	6
3	9	1	6	5	2	8	4	7
4	2	7	5	6	9	3	8	1
5	8	6	3	2	1	4	7	9
9	1	3	7	8	4	6	2	5
1	7	4	2	9	6	5	3	8
2	3	5	1	7	8	9	6	4
8	6	9	4	3	5	7	1	2

Puzzle #9

EASY

	7			1		9		
2				3	7			
6		9						8
1	9	3	8			7	2	5
4	6	2	5		3		9	1
		7		2			6	
			7	8		4		3
7	1				6		8	
					1			

**"My opinions may have changed,
but not the fact that I'm right." - Ashleigh Brilliant**

Puzzle #10

EASY

			2	5				
		3	7	1	4		2	
	4		9	3				
		4		8	9	1		5
		1	5	4				7
8	9	5				2		6
			1				8	3
2	3					9		
4	1	7			3	6		2

"To be sure of hitting the target, shoot first, and call whatever you hit the target." - Ashleigh Brilliant

Puzzle #11

EASY

	3		2	9	7			
6		5	8	1		3	9	
4	9	2					1	7
7		9		5				3
8		4	3	2				
				7	1	5	4	8
	8				2	7	6	
2				8		1	3	9
							2	8

"Facebook just sounds like a drag. In my day seeing pictures of people's vacations was considered a punishment." - Betty White

Puzzle #12

EASY

		5	8			3		
2							4	
	3		7		4		1	8
5		1	4		7	8	6	
	8	2		1				
6	4	3					2	
								9
	2	9	3	4	5	6	8	7
8			1	9	6	4		

"Money won't buy happiness, but it will pay the salaries of a large research staff to study the problem." - Bill Vaughan

Puzzle # 9

5	7	4	6	1	8	9	3	2
2	8	1	9	3	7	5	4	6
6	3	9	4	5	2	1	7	8
1	9	3	8	6	4	7	2	5
4	6	2	5	7	3	8	9	1
8	5	7	1	2	9	3	6	4
9	2	6	7	8	5	4	1	3
7	1	5	3	4	6	2	8	9
3	4	8	2	9	1	6	5	7

Puzzle # 11

1	3	8	2	9	7	4	5	6
6	7	5	8	1	4	3	9	2
4	9	2	5	6	3	8	1	7
7	1	9	4	5	8	6	2	3
8	5	4	3	2	6	9	7	1
3	2	6	9	7	1	5	4	8
9	8	3	1	4	2	7	6	5
2	4	7	6	8	5	1	3	9
5	6	1	7	3	9	2	8	4

Puzzle # 10

1	7	9	2	5	8	3	6	4
6	8	3	7	1	4	5	2	9
5	4	2	9	3	6	7	1	8
7	2	4	6	8	9	1	3	5
3	6	1	5	4	2	8	9	7
8	9	5	3	7	1	2	4	6
9	5	6	1	2	7	4	8	3
2	3	8	4	6	5	9	7	1
4	1	7	8	9	3	6	5	2

Puzzle # 12

4	1	5	8	6	2	3	7	9
2	7	8	9	3	1	5	4	6
9	3	6	7	5	4	2	1	8
5	9	1	4	2	7	8	6	3
7	8	2	6	1	3	9	5	4
6	4	3	5	8	9	7	2	1
3	6	4	2	7	8	1	9	5
1	2	9	3	4	5	6	8	7
8	5	7	1	9	6	4	3	2

Puzzle #13

EASY

2		9			3	7		
	5	7			6	8		
	8		2				5	1
9	3	2	8		5			
			3	9			6	
6	4	8			1			
			1		7		3	2
7		3	9			1	8	5
	2	1						

"The surest sign that intelligent life exists in the universe is that it has never tired to contact us."
- Bill Watterson

Puzzle #14

EASY

7		5	4	2		9	3	6
		7		5			1	
	3	8			1			5
3			1	5		2		
2		7				1		
8	6			4	9			
1							9	
	9		8	1	4			2
5			6	9		4		

"As a man in a relationship, you have a choice: You can be right or you can be happy."
– Ralphie May

Puzzle #15

EASY

9	4			7				
	2	5		3	4	8	7	
			5		2		1	9
2				7	9			
				2	1	3		
	5	6	4	9				1
7			2	6			5	
			8					
8		9	7	1		2		3

"Inside me there's a thin person struggling to get out, but I can usually sedate him with four or five cupcakes." = Bob Thaves

Puzzle #16

EASY

6	1				4	8	5	
	7	4		6		3		
	5	9		2			1	
			7	1	3	6	4	
			6			7		5
7	3					2	8	1
5	2		4				7	
	4				1			3
	6		3	5		9		4

"As a child my family's menu consisted of two choices: take it or leave it." - Buddy Hackett

Puzzle # 13

2	1	9	5	8	3	7	4	6
3	5	7	4	1	6	8	2	9
4	8	6	2	7	9	3	5	1
9	3	2	8	6	5	4	1	7
1	7	5	3	9	4	2	6	8
6	4	8	7	2	1	5	9	3
8	9	4	1	5	7	6	3	2
7	6	3	9	4	2	1	8	5
5	2	1	6	3	8	9	7	4

Puzzle # 15

9	4	8	1	7	6	5	3	2
1	2	5	9	3	4	8	7	6
6	7	3	5	8	2	4	1	9
2	8	1	3	5	7	9	6	4
4	9	7	6	2	1	3	8	5
3	5	6	4	9	8	7	2	1
7	3	4	2	6	9	1	5	8
5	1	2	8	4	3	6	9	7
8	6	9	7	1	5	2	4	3

Puzzle # 14

7	1	5	4	2	8	9	3	6
9	2	6	7	3	5	8	1	4
4	3	8	9	6	1	7	2	5
3	4	9	1	5	7	2	6	8
2	5	7	3	8	6	1	4	9
8	6	1	2	4	9	3	5	7
1	8	4	5	7	2	6	9	3
6	9	3	8	1	4	5	7	2
5	7	2	6	9	3	4	8	1

Puzzle # 16

6	1	2	9	3	4	8	5	7
8	7	4	1	6	5	3	9	2
3	5	9	8	2	7	4	1	6
2	8	5	7	1	3	6	4	9
4	9	1	6	8	2	7	3	5
7	3	6	5	4	9	2	8	1
5	2	3	4	9	6	1	7	8
9	4	8	2	7	1	5	6	3
1	6	7	3	5	8	9	2	4

Puzzle #17

EASY

8	9		1	6	7		4	2
1		5	3		4			
6	4				8			1
			8	7		6	3	
		8	2		6	7		
7	6		5	9				
5	8		7					
4				3		9		
	2			8	9		5	

**"My favorite machine at the gym
is the vending machine." - Caroline Rhea**

Puzzle #18

EASY

	1	5					2	4
				4	7		6	
6		9			2	3	7	
8					4		1	5
2	5		9		8		3	
			7	5	6		4	8
4	7		8	2				6
			6			4		
	8			9			5	

"Don't worry about the world coming to an end today. It is already tomorrow in Australia."
– Charles M. Schulz

Puzzle #19

EASY

2		5		4	9		8	3
8					2	9	4	7
9		7			8	1	5	
	6				7		9	
7	9	2		6				
4							6	
	2			7				8
1		3	9		5		7	
5		4	1	8	6			

"Political correctness is tyranny with manners."
– Charlton Heston

Puzzle #20

EASY

			6		9	3		1
	9		1				4	
6	5					9		8
	1			9			8	2
						1	7	4
	2	5	4					
5	3	9		4				7
2	8		5	3				9
		4	9	6	2	8	3	5

**"They say marriages are made in Heaven.
But so is thunder and lightning." – Clint Eastwood**

Puzzle # 17

8	9	3	1	6	7	5	4	2
1	7	5	3	2	4	8	9	6
6	4	2	9	5	8	3	7	1
2	5	4	8	7	1	6	3	9
9	3	8	2	4	6	7	1	5
7	6	1	5	9	3	2	8	4
5	8	9	7	1	2	4	6	3
4	1	7	6	3	5	9	2	8
3	2	6	4	8	9	1	5	7

Puzzle # 19

2	1	5	7	4	9	6	8	3
8	3	6	5	1	2	9	4	7
9	4	7	6	3	8	1	5	2
3	6	1	8	5	7	2	9	4
7	9	2	4	6	1	8	3	5
4	5	8	2	9	3	7	6	1
6	2	9	3	7	4	5	1	8
1	8	3	9	2	5	4	7	6
5	7	4	1	8	6	3	2	9

Puzzle # 18

7	1	5	3	6	9	8	2	4
3	2	8	1	4	7	5	6	9
6	4	9	5	8	2	3	7	1
8	6	7	2	3	4	9	1	5
2	5	4	9	1	8	6	3	7
9	3	1	7	5	6	2	4	8
4	7	3	8	2	5	1	9	6
5	9	2	6	7	1	4	8	3
1	8	6	4	9	3	7	5	2

Puzzle # 20

8	4	7	6	2	9	3	5	1
3	9	2	1	8	5	7	4	6
6	5	1	3	7	4	9	2	8
4	1	3	7	9	6	5	8	2
9	6	8	2	5	3	1	7	4
7	2	5	4	1	8	6	9	3
5	3	9	8	4	1	2	6	7
2	8	6	5	3	7	4	1	9
1	7	4	9	6	2	8	3	5

Puzzle #21

EASY

	1	2	5	3		7	4	6
							5	8
	3	4		6	8	2		
		5	3	8	7			2
		3	6	9		1		4
6					1	5		
	6				2			9
2		8	9	7			1	
		7			3			5

**"We never really grow up, we only
learn how to act in public." - Bryan White**

Puzzle #22

EASY

8			5		2	6		7
9					8		2	3
		7	9	1	3	4		
			8		4			
3		6	1				7	
			7	3	6	2		1
7	6	3				5		
		9	4	5	1		3	6
		5			7	9		

"Never under any circumstances take a sleeping pill and a laxative on the same night."
– Dave Barry

Puzzle #23

EASY

7	2			3			9	6
6	9	1	7	2		4		
		4			6			
			1	7		3	6	
	5					1	2	8
1					2			5
5				1	9	6	4	
9	6			4		5		
			6	5	3	7	8	9

"I used to jog but the ice cubes kept falling out of my glass." – David Lee Roth

Puzzle #24

EASY

	8					2		
1					4			3
4		3	5	2	6		8	
		2	6				9	
8	1		7			5		2
	6	4				8		
			9	6	8		2	
6	4	8		3	2	9		5
		1		7		6		

"Everyone has a purpose in life. Perhaps yours is watching television." – David Letterman

Puzzle # 21

8	1	2	5	3	9	7	4	6
9	7	6	1	2	4	3	5	8
5	3	4	7	6	8	2	9	1
1	4	5	3	8	7	9	6	2
7	2	3	6	9	5	1	8	4
6	8	9	2	4	1	5	3	7
3	6	1	4	5	2	8	7	9
2	5	8	9	7	6	4	1	3
4	9	7	8	1	3	6	2	5

Puzzle # 23

7	2	5	4	3	1	8	9	6
6	9	1	7	2	8	4	5	3
8	3	4	5	9	6	2	1	7
2	8	9	1	7	5	3	6	4
3	5	7	9	6	4	1	2	8
1	4	6	3	8	2	9	7	5
5	7	3	8	1	9	6	4	2
9	6	8	2	4	7	5	3	1
4	1	2	6	5	3	7	8	9

Puzzle # 22

8	3	1	5	4	2	6	9	7
9	5	4	6	7	8	1	2	3
6	2	7	9	1	3	4	5	8
1	7	2	8	9	4	3	6	5
3	4	6	1	2	5	8	7	9
5	9	8	7	3	6	2	4	1
7	6	3	2	8	9	5	1	4
2	8	9	4	5	1	7	3	6
4	1	5	3	6	7	9	8	2

Puzzle # 24

9	8	5	3	1	7	2	4	6
1	2	6	8	9	4	7	5	3
4	7	3	5	2	6	1	8	9
7	5	2	6	8	1	3	9	4
8	1	9	7	4	3	5	6	2
3	6	4	2	5	9	8	1	7
5	3	7	9	6	8	4	2	1
6	4	8	1	3	2	9	7	5
2	9	1	4	7	5	6	3	8

Puzzle #25

EASY

		7			5	4	3	8
	3		2		8			6
	4	8	7				1	
			3			2		
9				6	1			
			4				8	1
	5	4		7		9		
	2		8					5
3	6	1	9		2		7	4

"I refuse to answer that question on the grounds that I don't know the answer." – Douglas Adams

Puzzle #26

EASY

		3			2			
6		7	3	1	8			5
8					5		1	
		8		6		9		3
4					7	8		1
1	3	5				6	7	
7				5	3			9
9			7	4	6	2		8
	6				1			

"If you think nobody cares if you're alive, try missing a couple of car payments."
– Earl Wilson

Puzzle #27
EASY

4	7		2		8	5	3	
5	3			9		2		
				6		4		7
		1	6					9
	5			8	7	6	4	2
6			3	2				
1						7		4
				7	2	8	1	5
	8		4	5				

"A computer once beat me at chess, but it was no match for me at kick boxing." – Emo Philips

Puzzle #28

EASY

	1		3		2	6	7	8
5		6		7		4		2
8				9			1	
6						7	5	4
			1			3	2	9
				4		1		6
7	6	8				9		
2	4	5			3			
1			7	8	6			

"How many people here have telekenetic powers? Raise my hand." – Emo Philips

Puzzle # 25

2	9	7	6	1	5	4	3	8
1	3	5	2	4	8	7	9	6
6	4	8	7	9	3	5	1	2
4	1	6	3	8	7	2	5	9
9	8	2	5	6	1	3	4	7
5	7	3	4	2	9	6	8	1
8	5	4	1	7	6	9	2	3
7	2	9	8	3	4	1	6	5
3	6	1	9	5	2	8	7	4

Puzzle # 27

4	7	9	2	1	8	5	3	6
5	3	6	7	9	4	2	8	1
2	1	8	5	6	3	4	9	7
8	2	1	6	4	5	3	7	9
9	5	3	1	8	7	6	4	2
6	4	7	3	2	9	1	5	8
1	9	5	8	3	6	7	2	4
3	6	4	9	7	2	8	1	5
7	8	2	4	5	1	9	6	3

Puzzle # 26

5	1	3	4	9	2	7	8	6
6	2	7	3	1	8	4	9	5
8	4	9	6	7	5	3	1	2
2	7	8	1	6	4	9	5	3
4	9	6	5	3	7	8	2	1
1	3	5	8	2	9	6	7	4
7	8	4	2	5	3	1	6	9
9	5	1	7	4	6	2	3	8
3	6	2	9	8	1	5	4	7

Puzzle # 28

9	1	4	3	5	2	6	7	8
5	3	6	8	7	1	4	9	2
8	7	2	6	9	4	5	1	3
6	8	1	2	3	9	7	5	4
4	5	7	1	6	8	3	2	9
3	2	9	5	4	7	1	8	6
7	6	8	4	2	5	9	3	1
2	4	5	9	1	3	8	6	7
1	9	3	7	8	6	2	4	5

Puzzle #29

EASY

		1	5		3			8
				8		4		
	5	6	1	4				
				7			3	4
				1	4	7		
7	4	2		5				9
	2			3			8	1
	3	7			9		4	6
9	8	5				2		3

"Never go to a doctor whose office plants have died." – Erma Bombeck

Puzzle #30

EASY

	4		8				6	7
	6	9	2		3			
		1	4					3
	9		7	3	8	5	2	
	5							9
3	8				4			
2			6	4	9	3	1	8
	1	4	3		2			
						6		2

"Never have more children than you have car windows." – Erma Bombeck

Puzzle #31

EASY

		6		4	3	8		
	1		6			3	5	
		7	1	8			4	
	7	3		6		1	9	
8	4	5			1			
	6				5			
		1		5		2	8	4
3	5			2	9		6	
			7					9

"I drink to make other people more interesting."
– Ernest Hemingway

Puzzle #32

EASY

	7	5		1			9	8
	1	8				6		4
2				8				7
5			1		2	4		
4	9	6						
			6				7	3
			5		9	8		
7	5	4			3	1		
9	8		4		1	7		

"Happiness is having a large, loving, caring, close-knit family in another city."
– George Burns

Puzzle #33
EASY

1						9		7
5		3		1		4	8	6
7	9	6	4	8		1		5
4	1				5			3
	5			3	4	2		1
2	3	8	6			5		
8	4				9	3	5	
						6		
			3	5				4

"If you live to be one hundred, you've got it made. Very few people die past that age."
– George Burns

Puzzle #34

EASY

	9		6	4	3			2
2			7		9		1	
		7			2	9		6
	9		3	7	8			4
8	3	1	9				6	5
				5	6			8
5	7		2	3			8	9
4		3	8					
				6				

"I'm in shape. Round is a shape."
– George Carlin

Puzzle #35

EASY

		9	1					
1			8	3			4	6
	6		4					8
6	5	7			2			1
9	3		7	4			5	2
		1				7		
7	9	3		6			1	
		4				8		9
2	8			1		5	3	

"One tequila, two tequila, three tequila, floor."
– George Carlin

Puzzle #36

EASY

	5	7			6			
						5	3	6
6	2					4		7
	3		2					
	4		9					
	6				5	2	4	
2		1	6	3			7	5
4	7	6		5	9		2	
5	8		1			9		

"I refuse to join any club that would have me as a member." – Groucho Marx

Puzzle # 29

4	7	1	5	9	3	6	2	8
2	9	3	6	8	7	4	1	5
8	5	6	1	4	2	3	9	7
5	1	9	2	7	6	8	3	4
3	6	8	9	1	4	7	5	2
7	4	2	3	5	8	1	6	9
6	2	4	7	3	5	9	8	1
1	3	7	8	2	9	5	4	6
9	8	5	4	6	1	2	7	3

Puzzle # 31

9	2	6	5	4	3	8	1	7
4	1	8	6	9	7	3	5	2
5	3	7	1	8	2	9	4	6
2	7	3	4	6	8	1	9	5
8	4	5	9	7	1	6	2	3
1	6	9	2	3	5	4	7	8
7	9	1	3	5	6	2	8	4
3	5	4	8	2	9	7	6	1
6	8	2	7	1	4	5	3	9

Puzzle # 30

5	4	3	8	9	1	2	6	7
8	6	9	2	7	3	4	5	1
7	2	1	4	6	5	9	8	3
1	9	6	7	3	8	5	2	4
4	5	7	1	2	6	8	3	9
3	8	2	9	5	4	1	7	6
2	7	5	6	4	9	3	1	8
6	1	4	3	8	2	7	9	5
9	3	8	5	1	7	6	4	2

Puzzle # 32

6	7	5	2	1	4	3	9	8
3	1	8	9	5	7	6	2	4
2	4	9	3	8	6	5	1	7
5	3	7	1	9	2	4	8	6
4	9	6	7	3	8	2	5	1
8	2	1	6	4	5	9	7	3
1	6	3	5	7	9	8	4	2
7	5	4	8	2	3	1	6	9
9	8	2	4	6	1	7	3	5

Puzzle # 33

1	8	4	5	2	6	9	3	7
5	2	3	9	1	7	4	8	6
7	9	6	4	8	3	1	2	5
4	1	7	2	9	5	8	6	3
6	5	9	8	3	4	2	7	1
2	3	8	6	7	1	5	4	9
8	4	1	7	6	9	3	5	2
3	7	5	1	4	2	6	9	8
9	6	2	3	5	8	7	1	4

Puzzle # 35

8	4	9	1	2	6	3	7	5
1	7	2	8	3	5	9	4	6
3	6	5	4	9	7	1	2	8
6	5	7	3	8	2	4	9	1
9	3	8	7	4	1	6	5	2
4	2	1	6	5	9	7	8	3
7	9	3	5	6	8	2	1	4
5	1	4	2	7	3	8	6	9
2	8	6	9	1	4	5	3	7

Puzzle # 34

1	9	5	6	4	3	8	7	2
2	6	4	7	8	9	5	1	3
3	8	7	5	1	2	9	4	6
6	5	9	3	7	8	1	2	4
8	3	1	9	2	4	7	6	5
7	4	2	1	5	6	3	9	8
5	7	6	2	3	1	4	8	9
4	2	3	8	9	7	6	5	1
9	1	8	4	6	5	2	3	7

Puzzle # 36

3	5	7	4	9	6	1	8	2
9	1	4	7	8	2	5	3	6
6	2	8	5	1	3	4	9	7
7	3	5	2	4	8	6	1	9
8	4	2	9	6	1	7	5	3
1	6	9	3	7	5	2	4	8
2	9	1	6	3	4	8	7	5
4	7	6	8	5	9	3	2	1
5	8	3	1	2	7	9	6	4

Puzzle #37

EASY

9		7		4			2	6
	6				3	5	1	8
		1	2			7		
	9			8				
	4		1	2		9	5	
	1	2		5		4		
		6		7	8			
1					2	8	4	
5		8	4			6	7	

"Marriage is the chief cause of divorce."
– Groucho Marx

Puzzle #38

EASY

9			4	7	1	3		
3							6	1
		1				8	7	
	3		6	2		5		9
	7			8			1	
	9						8	
7				4		1		
	5	4		1		7		6
8	1		7	6	5	4	9	2

"The two most common elements in the universe are hydrogen and stupidity."
– Harlan Ellison

Puzzle #39

EASY

	6	2				5		
					8		4	2
4	7		1					
7		3	6				2	
2	8			4				9
	1			2	3	6		
	2	9	5		7			4
8			4				1	5
6	4		2	8	1	9		

"If you're going to do something tonight that you'll be sorry for tomorrow morning, sleep late." – Henny Youngman

Puzzle #40

EASY

4	3			6			1	
		2	5				7	4
5			8	2		9	6	
3	1		6				2	
	8			4	5		9	
7			1					6
6	9	3			1	5		
			9	5		7		
1		7	2					9

**"People who think they know everything
are a great annoyance to those of us who do."
– Isaac Asimov**

Puzzle # 37

9	5	7	8	4	1	3	2	6
2	6	4	7	9	3	5	1	8
3	8	1	2	6	5	7	9	4
7	9	5	3	8	4	2	6	1
8	4	3	1	2	6	9	5	7
6	1	2	9	5	7	4	8	3
4	2	6	5	7	8	1	3	9
1	7	9	6	3	2	8	4	5
5	3	8	4	1	9	6	7	2

Puzzle # 39

3	6	2	9	7	4	5	8	1
5	9	1	3	6	8	7	4	2
4	7	8	1	5	2	3	9	6
7	5	3	6	1	9	4	2	8
2	8	6	7	4	5	1	3	9
9	1	4	8	2	3	6	5	7
1	2	9	5	3	7	8	6	4
8	3	7	4	9	6	2	1	5
6	4	5	2	8	1	9	7	3

Puzzle # 38

9	8	6	4	7	1	3	2	5
3	4	7	5	8	2	9	6	1
5	2	1	3	9	6	8	7	4
1	3	8	6	2	7	5	4	9
4	7	2	9	5	8	6	1	3
6	9	5	1	3	4	2	8	7
7	6	9	2	4	3	1	5	8
2	5	4	8	1	9	7	3	6
8	1	3	7	6	5	4	9	2

Puzzle # 40

4	3	8	7	6	9	2	1	5
9	6	2	5	1	3	8	7	4
5	7	1	8	2	4	9	6	3
3	1	5	6	9	7	4	2	8
2	8	6	3	4	5	1	9	7
7	4	9	1	8	2	3	5	6
6	9	3	4	7	1	5	8	2
8	2	4	9	5	6	7	3	1
1	5	7	2	3	8	6	4	9

Puzzle #41

EASY

	5				6	8		
		4	8		2			5
						1	4	
				2	4	5		8
		8			3	2	1	
2		9		1	8		6	
				8	7		9	1
1	2			9	5			4
		6	4			7		2

"Avoid fruits and nuts. You are what you eat."
– Jim Davis

Puzzle #42

EASY

		7		8		1		
4		5				9	3	6
9	1			4			5	
5	7							3
	3				7			5
	4	8	5					1
			2			3		
	2		3	7	6	5		
6		3	8	9	1		4	

"Life is hard; it's harder if you're stupid."
– John Wayne

Puzzle #43

EASY

9		7			5	2		3
				4		1		
4		2	3					
		5	9					7
				5		6	3	
2		8			3	9		5
1			5		4		6	8
3		6	1		9			4
	5		7		2	3	9	

"The safe way to double your money is to fold it over once and put it in your pocket."
– Kin Hubbard

Puzzle #44

EASY

9							1	3
	3				4	2		
8			3	6	9		5	
	6				7	1		2
				3		9	6	
2	9	1			5		8	
	4	8			3	5		
3		5	4					
	7	9	5	8				6

discover that your high school class is running the country." – Kurt Vonnegut

Puzzle # 41

9	5	3	1	4	6	8	2	7
6	1	4	8	7	2	9	3	5
7	8	2	3	5	9	1	4	6
3	6	1	9	2	4	5	7	8
5	4	8	7	6	3	2	1	9
2	7	9	5	1	8	4	6	3
4	3	5	2	8	7	6	9	1
1	2	7	6	9	5	3	8	4
8	9	6	4	3	1	7	5	2

Puzzle # 43

9	6	7	8	1	5	2	4	3
5	8	3	2	4	6	1	7	9
4	1	2	3	9	7	8	5	6
6	3	5	9	2	1	4	8	7
7	9	1	4	5	8	6	3	2
2	4	8	6	7	3	9	1	5
1	2	9	5	3	4	7	6	8
3	7	6	1	8	9	5	2	4
8	5	4	7	6	2	3	9	1

Puzzle # 42

3	6	7	9	8	5	1	2	4
4	8	5	7	1	2	9	3	6
9	1	2	6	4	3	8	5	7
5	7	6	1	2	8	4	9	3
1	3	9	4	6	7	2	8	5
2	4	8	5	3	9	6	7	1
7	9	1	2	5	4	3	6	8
8	2	4	3	7	6	5	1	9
6	5	3	8	9	1	7	4	2

Puzzle # 44

9	5	4	7	2	8	6	1	3
7	3	6	1	5	4	2	9	8
8	1	2	3	6	9	7	5	4
5	6	3	8	9	7	1	4	2
4	8	7	2	3	1	9	6	5
2	9	1	6	4	5	3	8	7
6	4	8	9	7	3	5	2	1
3	2	5	4	1	6	8	7	9
1	7	9	5	8	2	4	3	6

Puzzle #45

EASY

		9	5	8			7		
			4	9					3
	1		3		7	6			
		1		7					
	3	5		6		4	9	7	2
	7	2		3	8	5			4
		4							
	8	3						9	
		6		4		9	8	1	

"I always wanted to be somebody, but now I realize I should have been more specific."
– Lily Tomlin

Puzzle #46
EASY

	1	4	2				8	5
2		7	4			1		
8			9			7	2	
			7	2	6	3		9
				4			5	2
9				5	8	6	4	7
		3			4	2		1
		9			3			
1	5		8				9	

"Cleaning up with children around is like shoveling during a blizzard."
– Margaret Culkin Banning

Puzzle #47

EASY

2		5					6	
3		4	9			2	7	
6			7				8	
						4	9	7
9			4	7			1	3
	6	7		1	9		5	
7		9			4	1		
8					3			5
1	3	2		6				8

**"Be careful about reading health books.
You may die of a misprint."
– Mark Twain**

Puzzle #48

EASY

	8	7			3		6	
3			8			2	7	
			9				8	
5		2		1			9	
	3		2			8	4	5
	7		5	9	4		3	
4		5				3		7
1				3	5	4	2	
	9	3			1	6		

"Never put off till tomorrow what you can do the day after tomorrow." – Mark Twain

Puzzle #   45

6	9	5	8	4	3	7	2	1
2	7	4	9	5	1	6	8	3
1	8	3	2	7	6	5	4	9
4	1	6	7	9	2	3	5	8
3	5	8	6	1	4	9	7	2
7	2	9	3	8	5	1	6	4
9	4	7	1	6	8	2	3	5
8	3	1	5	2	7	4	9	6
5	6	2	4	3	9	8	1	7

Puzzle #   47

2	7	5	8	4	1	3	6	9
3	8	4	9	5	6	2	7	1
6	9	1	7	3	2	5	8	4
5	1	3	6	2	8	4	9	7
9	2	8	4	7	5	6	1	3
4	6	7	3	1	9	8	5	2
7	5	9	2	8	4	1	3	6
8	4	6	1	9	3	7	2	5
1	3	2	5	6	7	9	4	8

Puzzle # 46

3	1	4	2	6	7	9	8	5
2	9	7	4	8	5	1	3	6
8	6	5	9	3	1	7	2	4
5	4	8	7	2	6	3	1	9
6	7	1	3	4	9	8	5	2
9	3	2	1	5	8	6	4	7
7	8	3	5	9	4	2	6	1
4	2	9	6	1	3	5	7	8
1	5	6	8	7	2	4	9	3

Puzzle # 48

2	8	7	1	5	3	9	6	4
3	5	9	8	4	6	2	7	1
6	1	4	9	7	2	5	8	3
5	4	2	3	1	8	7	9	6
9	3	1	2	6	7	8	4	5
8	7	6	5	9	4	1	3	2
4	2	5	6	8	9	3	1	7
1	6	8	7	3	5	4	2	9
7	9	3	4	2	1	6	5	8

Puzzle #49

EASY

1							8	7
5				3		2	1	4
8			1	6				5
							5	2
	5	2	7			3	4	6
	8				2	7		1
			2		6			
		1	4	9			2	
2	3	8			1	4		

"Worrying is like paying a debt you don't owe."
— Mark Twain

Puzzle #50

EASY

2	7	1	4	9	3			
4	6				5		9	
	9	5	6	8			7	4
			1	3		4	2	
	4	7		6		3		
	3	2			8	5		
9				5	4			1
			8					
	8	4	3		6			

**"Knowledge is knowing a tomato is a fruit;
wisdom is not putting it in a fruit salad."
– Miles Kington**

Puzzle #51

EASY

1		4		6		2		
	2	5	7	4		8		1
5	7						1	
		3	9				4	8
	4	9			8	5		3
3	5	2			7			
4			8	5			2	9
8	9		3	2	6			4

"The only time a woman really succeeds in changing a man is when he is a baby."
– Natalie Wood

Puzzle #52

EASY

4			9					2
	8	6			7		3	
			8	4	3	5		
		1	6			7	4	5
			5			8		3
	5	8	3		4			
				5	6			4
	7	5	4				9	
2	4			8	9	6	5	1

"Between two evils, I always pick the one I never tried before." - Mae West

Puzzle # 49

1	4	3	9	2	5	6	8	7
5	6	9	8	3	7	2	1	4
8	2	7	1	6	4	9	3	5
7	1	6	3	4	9	8	5	2
9	5	2	7	1	8	3	4	6
3	8	4	6	5	2	7	9	1
4	9	5	2	8	6	1	7	3
6	7	1	4	9	3	5	2	8
2	3	8	5	7	1	4	6	9

Puzzle # 51

1	8	4	5	6	9	2	3	7
7	3	6	1	8	2	4	9	5
9	2	5	7	4	3	8	6	1
5	7	8	6	3	4	9	1	2
2	1	3	9	7	5	6	4	8
6	4	9	2	1	8	5	7	3
3	5	2	4	9	7	1	8	6
4	6	7	8	5	1	3	2	9
8	9	1	3	2	6	7	5	4

Puzzle # 50

2	7	1	4	9	3	6	8	5
4	6	8	2	7	5	1	9	3
3	9	5	6	8	1	2	7	4
6	5	9	1	3	7	4	2	8
8	4	7	5	6	2	3	1	9
1	3	2	9	4	8	5	6	7
9	2	6	7	5	4	8	3	1
5	1	3	8	2	9	7	4	6
7	8	4	3	1	6	9	5	2

Puzzle # 52

4	3	7	9	6	5	1	8	2
5	8	6	1	2	7	4	3	9
1	9	2	8	4	3	5	6	7
3	2	1	6	9	8	7	4	5
9	6	4	5	7	2	8	1	3
7	5	8	3	1	4	9	2	6
8	1	9	2	5	6	3	7	4
6	7	5	4	3	1	2	9	8
2	4	3	7	8	9	6	5	1

Puzzle #53

EASY

	5		7		4		6	
				1		5		
7	8		2	9				
		2	9				3	7
			8	3			1	
3			4	5		6		
2	7				8			3
9	6	5		2				
8		4		7			2	6

"Of all the things I've lost I miss my mind the most." – Ozzy Osbourne

Puzzle #54

EASY

		4	3	2		8		
3		8			6		1	
6	7					5	9	3
4	3		7		5			
2	1			8		7		4
		5			4		6	
		1				2	8	5
5		7		9				
8	6		1					

"The only reason some people get lost in thought is because it's unfamiliar territory."
– Paul Fix

Puzzle #55

EASY

		5		9	1	8	7	
7	8	1		6		9		3
	9				7			
	4	2			5	3		
6		9		4		1	2	
	5		9			4	6	
2			4		6	5		9
		8	1				3	
	6			5				

"I have learned from my mistakes, and I am sure I can repeat them exactly." – Peter Cook

Puzzle #56

EASY

			6		7			
					3	1	6	4
	3	4		8	5	2		7
	7				1	4	5	9
				3				8
	8	5			9		2	
	1	7	9	2	8			3
4	2	3			6			
8		9			4			

"I want my children to have all the things I couldn't afford. Then I want to move in with them." – Phyllis Diller

Puzzle # 53

1	5	3	7	8	4	2	6	9
4	2	9	3	1	6	5	7	8
7	8	6	2	9	5	3	4	1
5	4	2	9	6	1	8	3	7
6	9	7	8	3	2	4	1	5
3	1	8	4	5	7	6	9	2
2	7	1	6	4	8	9	5	3
9	6	5	1	2	3	7	8	4
8	3	4	5	7	9	1	2	6

Puzzle # 55

4	2	5	3	9	1	8	7	6
7	8	1	2	6	4	9	5	3
3	9	6	5	8	7	2	4	1
8	4	2	6	1	5	3	9	7
6	3	9	7	4	8	1	2	5
1	5	7	9	3	2	4	6	8
2	1	3	4	7	6	5	8	9
5	7	8	1	2	9	6	3	4
9	6	4	8	5	3	7	1	2

Puzzle # 54

1	5	4	3	2	9	8	7	6
3	9	8	5	7	6	4	1	2
6	7	2	8	4	1	5	9	3
4	3	9	7	6	5	1	2	8
2	1	6	9	8	3	7	5	4
7	8	5	2	1	4	3	6	9
9	4	1	6	3	7	2	8	5
5	2	7	4	9	8	6	3	1
8	6	3	1	5	2	9	4	7

Puzzle # 56

2	9	1	6	4	7	8	3	5
7	5	8	2	9	3	1	6	4
6	3	4	1	8	5	2	9	7
3	7	2	8	6	1	4	5	9
9	4	6	5	3	2	7	1	8
1	8	5	4	7	9	3	2	6
5	1	7	9	2	8	6	4	3
4	2	3	7	5	6	9	8	1
8	6	9	3	1	4	5	7	2

Puzzle #57

EASY

		2		3				
		7	2			9	6	
4			5					3
	7		3		6		5	
		6			7		3	4
		4	8				7	1
7	9			6	3		1	2
			9		2	7		8
2		5		8				6

"When a man opens a car door for his wife, it's either a new car or a new wife."
– Prince Philip

Puzzle #58

EASY

		9			7	4		5
	8	1	3		4			
				9	6	1		
		5	4			9	7	8
1	6		8	2		5		
		8			5	2		1
4	1				8			
	7	3	9					
8	9			4			1	2

can cross the road and not be questioned about their motives." – Ralph Waldo Emerson

Puzzle #59

EASY

7			6					2
2	1			4	8	6		
8		5	2				4	
	6					3	9	
1	3	2					8	
		9	7		6	2		5
	4			2	5	1		
			3	1	7	4		
		1			9	5	7	8

"Health nuts are going to feel stupid someday, lying in hospitals dying of nothing."
– Redd Foxx

Puzzle #60

EASY

4		7				6	3	5
3	6		4			8		
			3	9				
			5				8	
	4			6	7			9
7	5		2					
1		6	9	8			7	3
8	3		7	5	2	9		1
		5		3	1			

"When you're in love it's the most glorious two and a half days of your life."

– Richard Lewis

Puzzle # 57

1	5	2	6	3	9	4	8	7
3	8	7	2	1	4	9	6	5
4	6	9	5	7	8	1	2	3
8	7	1	3	4	6	2	5	9
5	2	6	1	9	7	8	3	4
9	3	4	8	2	5	6	7	1
7	9	8	4	6	3	5	1	2
6	1	3	9	5	2	7	4	8
2	4	5	7	8	1	3	9	6

Puzzle # 59

7	9	4	6	5	1	8	3	2
2	1	3	9	4	8	6	5	7
8	6	5	2	7	3	9	4	1
5	7	6	1	8	2	3	9	4
1	3	2	5	9	4	7	8	6
4	8	9	7	3	6	2	1	5
9	4	7	8	2	5	1	6	3
6	5	8	3	1	7	4	2	9
3	2	1	4	6	9	5	7	8

Puzzle # 58

6	3	9	1	8	7	4	2	5
2	8	1	3	5	4	6	9	7
7	5	4	2	9	6	1	8	3
3	2	5	4	6	1	9	7	8
1	6	7	8	2	9	5	3	4
9	4	8	7	3	5	2	6	1
4	1	2	6	7	8	3	5	9
5	7	3	9	1	2	8	4	6
8	9	6	5	4	3	7	1	2

Puzzle # 60

4	9	7	1	2	8	6	3	5
3	6	1	4	7	5	8	9	2
5	8	2	3	9	6	7	1	4
6	1	9	5	4	3	2	8	7
2	4	3	8	6	7	1	5	9
7	5	8	2	1	9	3	4	6
1	2	6	9	8	4	5	7	3
8	3	4	7	5	2	9	6	1
9	7	5	6	3	1	4	2	8

Puzzle #61

EASY

			6	8			4	1
		2	1	4	9		3	5
	1	8	2	3				9
3		1			6			2
2	6	7	5			3		
9	8					5		
1	2	3						
						4		8
		6		7	2			

"Two things are infinite: The universe and human stupidity; and I'm not sure about the universe."
- Albert Einstein

Puzzle #62

EASY

	3				7		4	
	9	1						2
		2	5					7
5			9		6	1	2	
		3					9	
6	1			8		3	5	4
1	5	7	4					
9			6			2		3
				9	1	4	7	

"When I eventually met Mr. Right I had no idea that his first name was Always."
– Rita Rudner

Puzzle #63

EASY

	6	5		1	3	9	8	
				7			6	3
			8	6	5	1	4	
7		9	1	2				
2	8	4					1	
	1			4	9			8
		7	6		1	4		5
		2	4		7		3	1
3	4							

"The man who smiles when things go wrong has thought of someone to blame it on."
– Robert Bloch

Puzzle #64

EASY

1		3	6					7
	5	8		4	1			
7	9				3	1		6
					8	3	5	4
	8			3	2		9	1
3						6		
	2	1					7	
8					5	4		
	6	4		8		2		5

"All my life I've wanted, just once, to say something clever without losing my train of thought." – Robert Breault

Puzzle # 61

5	3	9	6	8	7	2	4	1
6	7	2	1	4	9	8	3	5
4	1	8	2	3	5	6	7	9
3	5	1	4	9	6	7	8	2
2	6	7	5	1	8	3	9	4
9	8	4	7	2	3	5	1	6
1	2	3	8	5	4	9	6	7
7	9	5	3	6	1	4	2	8
8	4	6	9	7	2	1	5	3

Puzzle # 63

4	6	5	2	1	3	9	8	7
1	2	8	9	7	4	5	6	3
9	7	3	8	6	5	1	4	2
7	3	9	1	2	8	6	5	4
2	8	4	7	5	6	3	1	9
5	1	6	3	4	9	2	7	8
8	9	7	6	3	1	4	2	5
6	5	2	4	9	7	8	3	1
3	4	1	5	8	2	7	9	6

Puzzle # 62

8	3	5	2	6	7	9	4	1
7	9	1	3	4	8	5	6	2
4	6	2	1	5	9	8	3	7
5	7	4	9	3	6	1	2	8
2	8	3	5	1	4	7	9	6
6	1	9	7	8	2	3	5	4
1	5	7	4	2	3	6	8	9
9	4	8	6	7	5	2	1	3
3	2	6	8	9	1	4	7	5

Puzzle # 64

1	4	3	6	2	9	5	8	7
6	5	8	7	4	1	9	3	2
7	9	2	8	5	3	1	4	6
2	7	9	1	6	8	3	5	4
4	8	6	5	3	2	7	9	1
3	1	5	9	7	4	6	2	8
5	2	1	4	9	6	8	7	3
8	3	7	2	1	5	4	6	9
9	6	4	3	8	7	2	1	5

Puzzle #65

EASY

9			5			1	4	
	7	1	8					
	6	4	1			8	5	2
8	9						7	1
2				7		4		
	4			8	1	5		3
		8			6			
7				1				9
	3	9		2	5			4

"I can resist everything except temptation."
– Oscar Wilde

Puzzle #66

EASY

3	9				5	2	6	
1			2			9		
	2			9	3		7	5
	4		1	2	6	3	8	9
			9		7		5	2
		2		8				
	7		3	6			4	
			8			5	9	
		8					2	

"I am so clever that sometimes I don't understand a single word of what I am saying."
– Oscar Wilde

Puzzle #67

EASY

	1	2	7		4	5		
6		7					1	
5	8			2	3			7
9	7	4	2			1	8	3
2	5				1		6	4
			4					
	9				7	4		
		1			2	8		
		6			5	9	3	

"Always forgive your enemies – nothing annoys them so much." – Oscar Wilde

Puzzle #68

EASY

	6		2		8	4	7	
						9		
	7	3			9			8
		7	8	4			2	
	2			1	6	7	3	
		4	7					6
8		6			7	1	4	
2	3		4	5				
			6	8		3		5

**"Always borrow money from a pessimist.
He won't expect it back." – Oscar Wilde**

Puzzle # 65

9	8	2	5	6	3	1	4	7
5	7	1	8	4	2	9	3	6
3	6	4	1	9	7	8	5	2
8	9	3	6	5	4	2	7	1
2	1	5	3	7	9	4	6	8
6	4	7	2	8	1	5	9	3
4	2	8	9	3	6	7	1	5
7	5	6	4	1	8	3	2	9
1	3	9	7	2	5	6	8	4

Puzzle # 67

3	1	2	7	6	4	5	9	8
6	4	7	5	8	9	3	1	2
5	8	9	1	2	3	6	4	7
9	7	4	2	5	6	1	8	3
2	5	8	9	3	1	7	6	4
1	6	3	4	7	8	2	5	9
8	9	5	3	1	7	4	2	6
4	3	1	6	9	2	8	7	5
7	2	6	8	4	5	9	3	1

Puzzle # 66

3	9	7	4	1	5	2	6	8
1	5	6	2	7	8	9	3	4
8	2	4	6	9	3	1	7	5
7	4	5	1	2	6	3	8	9
6	8	1	9	3	7	4	5	2
9	3	2	5	8	4	7	1	6
5	7	9	3	6	2	8	4	1
2	6	3	8	4	1	5	9	7
4	1	8	7	5	9	6	2	3

Puzzle # 68

9	6	5	2	3	8	4	7	1
1	8	2	5	7	4	9	6	3
4	7	3	1	6	9	2	5	8
6	1	7	8	4	3	5	2	9
5	2	8	9	1	6	7	3	4
3	9	4	7	2	5	8	1	6
8	5	6	3	9	7	1	4	2
2	3	9	4	5	1	6	8	7
7	4	1	6	8	2	3	9	5

Puzzle #69

EASY

	1	8		6				
9	4	2	7			8	6	
		6				7		
		3	8	1	4			
1		7	6	2			5	
	8			5			3	2
							8	4
		1		8	5	6	9	
	7	5		9			2	1

"What the world needs is more geniuses with humility; there are so few of us left."
– Oscar Levant

Puzzle #70

EASY

4	7		6		5	2		
9		6			7	3		1
8	2	5		1	9			
	4		2				1	6
6			4	8	3			
			3	4	2		7	8
	1			7	6			3
	3		1				2	

"There's a fine line between genius and insanity. I have erased this line."

– Oscar Levant

Puzzle #71

EASY

8	6	2				1		
3		5			9	8	4	7
			8	1				5
				8	2		7	
	8	1	7		5			
9	7		3			2		8
			5	7			8	2
4		7						
		8	1				3	4

"A committee is a group that keeps minutes and loses hours." – Milton Berle

Puzzle #72

EASY

7	3		6			5		
		4					2	
		2	7			4		
3	4	6			9			1
2	1	9						
5	8		1	3		9	4	
8	9	3	2		4			
			9	6	7		8	
		1	5			2		

"By working faithfully eight hours a day you may eventually get to be boss and work twelve hours a day." – Robert Frost

Puzzle # 69

7	1	8	5	6	9	2	4	3
9	4	2	7	3	1	8	6	5
5	3	6	2	4	8	7	1	9
2	5	3	8	1	4	9	7	6
1	9	7	6	2	3	4	5	8
6	8	4	9	5	7	1	3	2
3	6	9	1	7	2	5	8	4
4	2	1	3	8	5	6	9	7
8	7	5	4	9	6	3	2	1

Puzzle # 71

8	6	2	4	5	7	1	9	3
3	1	5	6	2	9	8	4	7
7	4	9	8	1	3	6	2	5
6	5	3	9	8	2	4	7	1
2	8	1	7	4	5	3	6	9
9	7	4	3	6	1	2	5	8
1	3	6	5	7	4	9	8	2
4	9	7	2	3	8	5	1	6
5	2	8	1	9	6	7	3	4

Puzzle # 70

1	8	2	9	3	4	5	6	7
4	7	3	6	1	5	2	8	9
9	5	6	8	2	7	3	4	1
8	2	5	7	6	1	9	3	4
3	4	7	2	5	9	8	1	6
6	9	1	4	8	3	7	5	2
5	6	9	3	4	2	1	7	8
2	1	8	5	7	6	4	9	3
7	3	4	1	9	8	6	2	5

Puzzle # 72

7	3	8	6	4	2	5	1	9
9	6	4	3	5	1	8	2	7
1	5	2	7	9	8	4	3	6
3	4	6	8	2	9	7	5	1
2	1	9	4	7	5	3	6	8
5	8	7	1	3	6	9	4	2
8	9	3	2	1	4	6	7	5
4	2	5	9	6	7	1	8	3
6	7	1	5	8	3	2	9	4

Puzzle #73

EASY

			2		9			
3			8			6	1	7
				7	6		2	3
	1			2	4			
9			3		1		4	2
2		5	7	9		3		
1						4	8	9
4	6	8	9		3			
	9	2						6

"I'm sorry, if you were right, I'd agree with you."
– Robin Williams

Puzzle #74

EASY

4			6	3	1			9
	6		7					
	7		8	5		3	1	6
9		6		2				3
5					6	1	9	2
1	8	2		7	3		5	4
	2		5					
8				6	7			
					8	4	3	

"Why do they call it rush hour when nothing moves?" – Robin Williams

Puzzle #75

EASY

	1		5		7			6
5			3		6	1	9	
6						7		2
7		1		4		9		
	2		1	5				3
9		3	8				4	
2					5		1	
			2	8		4		9
		6	7	3			8	

"I found there was only one way to look thin; hang out with fat people." – Rodney Dangerfield

Puzzle #76

EASY

7	2	1			9	4	8	
3	5	8	1	2				
	6				5		1	
	4		7		1			
	1			4	2			7
			6				5	
			4	9		2	7	
9			2				6	8
6		2	5	3				

"I looked up my family tree and found out I was the sap."– Rodney Dangerfield

Puzzle # 73

6	7	1	2	3	9	8	5	4
3	2	9	8	4	5	6	1	7
8	5	4	1	7	6	9	2	3
7	1	3	6	2	4	5	9	8
9	8	6	3	5	1	7	4	2
2	4	5	7	9	8	3	6	1
1	3	7	5	6	2	4	8	9
4	6	8	9	1	3	2	7	5
5	9	2	4	8	7	1	3	6

Puzzle # 75

4	1	2	5	9	7	8	3	6
5	8	7	3	2	6	1	9	4
6	3	9	4	1	8	7	5	2
7	5	1	6	4	3	9	2	8
8	2	4	1	5	9	6	7	3
9	6	3	8	7	2	5	4	1
2	4	8	9	6	5	3	1	7
3	7	5	2	8	1	4	6	9
1	9	6	7	3	4	2	8	5

Puzzle # 74

4	5	8	6	3	1	2	7	9
3	6	1	7	9	2	5	4	8
2	7	9	8	5	4	3	1	6
9	4	6	1	2	5	7	8	3
5	3	7	4	8	6	1	9	2
1	8	2	9	7	3	6	5	4
7	2	3	5	4	9	8	6	1
8	1	4	3	6	7	9	2	5
6	9	5	2	1	8	4	3	7

Puzzle # 76

7	2	1	3	6	9	4	8	5
3	5	8	1	2	4	7	9	6
4	6	9	8	7	5	3	1	2
8	4	3	7	5	1	6	2	9
5	1	6	9	4	2	8	3	7
2	9	7	6	8	3	1	5	4
1	8	5	4	9	6	2	7	3
9	3	4	2	1	7	5	6	8
6	7	2	5	3	8	9	4	1

Puzzle #77

EASY

5			8				1	
4	8	7		9	5			2
			4					8
1						9	4	
7		8	5	1			2	3
3		9	7	6		1	8	
9		2				7	3	
	7			4				6
	5			2	7			

"It's true hard work never killed anybody, but I figure, why take the chance?"
– Ronald Reagan

Puzzle #78

EASY

	6		8	3	7	4		
		8	4	2	5	1	6	
				6		8	5	
	3							9
	4		6					8
6		9	2			5		
	1			9	6		4	
4	9			8				6
	3	6	5	7		9		

"I wish I were dumber so I could be more certain about my opinions. It looks fun."
– Scott Adams

Puzzle #79

EASY

	9	3	7		5	2	8	
5	7	8					3	
		4		3	9	5	6	
1	2					6		5
	3			1	4		7	
								8
				6				3
7	6	2	3				5	
		1		7		8	9	

"I live by my own rules (reviewed, revised, and approved by my wife).. but still my own."
– Si Robertson

Puzzle #80
EASY

	1	3		7	8			
		5		2	3		1	
2	4		1				9	3
	5		7	8		9	6	
4		1		5		3	7	8
	6	8	3		4	1	5	
					7			
			6	3				
8		6		4		7	2	

"The trouble with telling a good story is that it invariably reminds the other fellow of a dull one."
– Sid Caesar

Puzzle # 77

5	3	6	8	7	2	4	1	9
4	8	7	1	9	5	3	6	2
2	9	1	4	3	6	5	7	8
1	6	5	2	8	3	9	4	7
7	4	8	5	1	9	6	2	3
3	2	9	7	6	4	1	8	5
9	1	2	6	5	8	7	3	4
8	7	3	9	4	1	2	5	6
6	5	4	3	2	7	8	9	1

Puzzle # 79

6	9	3	7	4	5	2	8	1
5	7	8	1	2	6	4	3	9
2	1	4	8	3	9	5	6	7
1	2	7	9	8	3	6	4	5
8	3	5	6	1	4	9	7	2
9	4	6	2	5	7	3	1	8
4	8	9	5	6	1	7	2	3
7	6	2	3	9	8	1	5	4
3	5	1	4	7	2	8	9	6

Puzzle # 78

5	6	1	8	3	7	4	9	2
9	7	8	4	2	5	1	6	3
3	2	4	9	6	1	8	5	7
1	5	3	7	4	8	6	2	9
7	4	2	6	5	9	3	1	8
6	8	9	2	1	3	5	7	4
8	1	7	3	9	6	2	4	5
4	9	5	1	8	2	7	3	6
2	3	6	5	7	4	9	8	1

Puzzle # 80

6	1	3	9	7	8	2	4	5
9	8	5	4	2	3	6	1	7
2	4	7	1	6	5	8	9	3
3	5	2	7	8	1	9	6	4
4	9	1	2	5	6	3	7	8
7	6	8	3	9	4	1	5	2
5	2	9	8	1	7	4	3	6
1	7	4	6	3	2	5	8	9
8	3	6	5	4	9	7	2	1

Puzzle #81

EASY

5			4			8		
	9	1						
		4	8	2	9		6	5
9			2				5	
1	6					3		9
	7		1	9			4	
				8	7		3	6
			6	1			2	
6	8		9	4		5	1	7

"Crocodiles are easy. They try to kill and eat you. People are harder. Sometimes they pretend to be your friend first." – Steve Irwin

Puzzle #82

EASY

		3	6		5	7	8	
		5		4		2		
	7	2				5		4
	9	8			4			
	1	7			6		4	
				7	8		5	6
		9		5		6	7	1
		6	1	9	2			5
				6	7		9	

"A day without sunshine is like, you know, night."
– Steve Martin

Puzzle #83

EASY

3				8	5	7		6
				7		1	4	
5	1			6	4			
		1	8	5	2	6	9	4
	5	8		9	6			7
9		4					8	
1				4	9			
	8	2					6	
			3	2				1

"A clear conscience is usually the sign of a bad memory." – Steven Wright

Puzzle #84

EASY

			3	1	8	4	6	
		4	2					9
6		8			9	3		
	4	6				5	8	7
9			8					
8	3				6			1
				3		7	5	
7					4	1		
2	6		1	8	7	9	3	

"You can't have everything. Where would you put it?" – Steven Wright

Puzzle # 81

5	2	6	4	7	1	8	9	3
8	9	1	3	6	5	2	7	4
7	3	4	8	2	9	1	6	5
9	4	8	2	3	6	7	5	1
1	6	2	7	5	4	3	8	9
3	7	5	1	9	8	6	4	2
2	1	9	5	8	7	4	3	6
4	5	7	6	1	3	9	2	8
6	8	3	9	4	2	5	1	7

Puzzle # 83

3	4	9	1	8	5	7	2	6
8	2	6	9	7	3	1	4	5
5	1	7	2	6	4	8	3	9
7	3	1	8	5	2	6	9	4
2	5	8	4	9	6	3	1	7
9	6	4	7	3	1	5	8	2
1	7	3	6	4	9	2	5	8
4	8	2	5	1	7	9	6	3
6	9	5	3	2	8	4	7	1

Puzzle # 82

1	4	3	6	2	5	7	8	9
8	6	5	7	4	9	2	1	3
9	7	2	3	8	1	5	6	4
6	9	8	5	1	4	3	2	7
5	1	7	2	3	6	9	4	8
2	3	4	9	7	8	1	5	6
4	2	9	8	5	3	6	7	1
7	8	6	1	9	2	4	3	5
3	5	1	4	6	7	8	9	2

Puzzle # 84

5	7	9	3	1	8	4	6	2
3	1	4	2	6	5	8	7	9
6	2	8	7	4	9	3	1	5
1	4	6	9	2	3	5	8	7
9	5	2	8	7	1	6	4	3
8	3	7	4	5	6	2	9	1
4	9	1	6	3	2	7	5	8
7	8	3	5	9	4	1	2	6
2	6	5	1	8	7	9	3	4

Puzzle #85

EASY

5	7	2				8		1
			5	2				4
		9		1		5		7
				9	5	1		3
		3	8				4	2
1		6	4		3	9		
			1		9		8	
4	9						1	
8				5		2	7	

"I intend to live forever. So far, so good."
– Steven Wright

Puzzle #86

EASY

5		1	6		8		7	
			2		1			3
		2				1	4	5
2		8			7		9	1
3					6	2		
	9	4			2	3	8	
1	8	3		6		5	2	9
			3					
	7		1		5			

"If you could kick the person in the pants responsible for most of your trouble, you wouldn't sit for a month." – Theodore Roosevelt

Puzzle #87

EASY

			9	3	1			2
1	2	7			4	3		
				2		5		8
			5		8			3
	8	5		6		2		1
		4	2	1	7	6	8	
5				7				
8						1	2	
4	1		6	8				

"A great pleasure in life is doing what people say you cannot do." – Walter Bagehot

Puzzle #88

EASY

4			8			7	2	
		6			1			
3	9	8	2					
9		1			3		8	
	4				6	9		3
8		3		9	4		6	7
		4		7		6	5	8
		2				3	9	
6				4	5			

"My doctor gave me six months to live, but when I couldn't pay the bill he gave me six months more."
– Walter Matthau

Puzzle # 85

5	7	2	9	4	6	8	3	1
3	1	8	5	2	7	6	9	4
6	4	9	3	1	8	5	2	7
7	8	4	2	9	5	1	6	3
9	5	3	8	6	1	7	4	2
1	2	6	4	7	3	9	5	8
2	6	7	1	3	9	4	8	5
4	9	5	7	8	2	3	1	6
8	3	1	6	5	4	2	7	9

Puzzle # 87

6	5	8	9	3	1	4	7	2
1	2	7	8	5	4	3	6	9
3	4	9	7	2	6	5	1	8
2	6	1	5	4	8	7	9	3
7	8	5	3	6	9	2	4	1
9	3	4	2	1	7	6	8	5
5	9	6	1	7	2	8	3	4
8	7	3	4	9	5	1	2	6
4	1	2	6	8	3	9	5	7

Puzzle # 86

5	3	1	6	4	8	9	7	2
7	4	9	2	5	1	8	6	3
8	6	2	9	7	3	1	4	5
2	5	8	4	3	7	6	9	1
3	1	7	8	9	6	2	5	4
6	9	4	5	1	2	3	8	7
1	8	3	7	6	4	5	2	9
4	2	5	3	8	9	7	1	6
9	7	6	1	2	5	4	3	8

Puzzle # 88

4	1	5	8	3	9	7	2	6
7	2	6	4	5	1	8	3	9
3	9	8	2	6	7	5	4	1
9	6	1	7	2	3	4	8	5
2	4	7	5	8	6	9	1	3
8	5	3	1	9	4	2	6	7
1	3	4	9	7	2	6	5	8
5	7	2	6	1	8	3	9	4
6	8	9	3	4	5	1	7	2

Puzzle #89

EASY

	1	4	2			8		
8	6			7		3		
9	2			3		6		1
			1	5		7		3
1	3		7				8	4
		9			4	1	2	6
	5	2				9	1	
		1		9				
		3	8					5

"The road to success is dotted with many tempting parking spaces." – Will Rogers

Puzzle #90

EASY

			1		2

						1		2
3		5	4	6	1	9	7	
	9		3	2		5	6	
		4		3	6			
		2		9	4	3	8	
1			7		5			6
7		3	8				2	1
	4		5			8		
					2	4		

"If you're going through hell, keep going."
– Winston Churchill

Puzzle #91

EASY

5		3	1		6	4		2
	2	4		8	7			9	5
			2			7	6	3
7	3	1	9	2		
			5		6		1
8							7	9
	1						
7				6			5	4
		9	5	3			1	

"When I was a kid my parents moved a lot, but I always found them." - Rodney Dangerfield

Puzzle #92

EASY

		2			3			
		1	4				8	2
7	9	6				5		
	5	9	3					8
				8	9	2	5	6
				6			4	9
	7	4				1	6	5
2		8	5	1	7			3
3						8		7

"The best way to teach your kids about taxes is by eating 30 percent of their ice cream."

- Bill Murray

Puzzle # 89

3	1	4	2	6	5	8	7	9
8	6	5	9	7	1	3	4	2
9	2	7	4	3	8	6	5	1
2	4	8	1	5	6	7	9	3
1	3	6	7	2	9	5	8	4
5	7	9	3	8	4	1	2	6
7	5	2	6	4	3	9	1	8
6	8	1	5	9	2	4	3	7
4	9	3	8	1	7	2	6	5

Puzzle # 91

5	7	3	1	9	6	4	8	2
2	4	6	8	7	3	1	9	5
1	9	8	2	4	5	7	6	3
6	5	7	3	1	9	2	4	8
9	2	4	7	5	8	6	3	1
8	3	1	6	2	4	5	7	9
3	1	5	4	8	7	9	2	6
7	8	2	9	6	1	3	5	4
4	6	9	5	3	2	8	1	7

Puzzle # 90

4	6	7	9	5	8	1	3	2
3	2	5	4	6	1	9	7	8
8	9	1	3	2	7	5	6	4
5	8	4	2	3	6	7	1	9
6	7	2	1	9	4	3	8	5
1	3	9	7	8	5	2	4	6
7	5	3	8	4	9	6	2	1
2	4	6	5	1	3	8	9	7
9	1	8	6	7	2	4	5	3

Puzzle # 92

4	8	2	9	5	3	6	7	1
5	3	1	4	7	6	9	8	2
7	9	6	8	2	1	5	3	4
6	5	9	3	4	2	7	1	8
1	4	3	7	8	9	2	5	6
8	2	7	1	6	5	3	4	9
9	7	4	2	3	8	1	6	5
2	6	8	5	1	7	4	9	3
3	1	5	6	9	4	8	2	7

Puzzle #93

EASY

			9			8	7	2
2	9		6	5				1
8	3		4		7		9	
	4		7				5	
7	8					2	4	
3	2		5	6				
	5					9	1	3
		3	8		5			
			3		1			8

"This suspense is terrible. I hope it will last."

- Oscar Wilde

Puzzle #94

EASY

		7				9	2	
1	5	2	8					3
	9		5		6			
7				5				2
6	4			1	8	5		
2	1		7		9	8		
	8	4		6	1			
	7		9			6		4
	2		4	7	5	3	8	

"Go to Heaven for the climate, Hell for the company." - Mark Twain

Puzzle #95

EASY

	1	4						2
			8				7	
8			9	5	4			1
2		5				1	8	3
9			1	3	5		4	7
1					8	9		6
	9	6		2			3	
3			6	4		5		
					9		2	

"The first time I see a jogger smiling, I'll consider it." - Joan Rivers

Puzzle #96

EASY

	8					6		7
	6			2	3			
7		3	1		6	2	9	
		5	4				6	
	3		2				4	5
2	7			5		3	8	
8						5		
5		1		6	7		2	8
3	2		8				1	

"Reality continues to ruin my life."

- Bill Watterson

Puzzle # 93

5	6	4	9	1	3	8	7	2
2	9	7	6	5	8	4	3	1
8	3	1	4	2	7	6	9	5
1	4	6	7	8	2	3	5	9
7	8	5	1	3	9	2	4	6
3	2	9	5	6	4	1	8	7
4	5	8	2	7	6	9	1	3
6	1	3	8	9	5	7	2	4
9	7	2	3	4	1	5	6	8

Puzzle # 95

5	1	4	7	6	3	8	9	2
6	3	9	8	1	2	4	7	5
8	2	7	9	5	4	3	6	1
2	7	5	4	9	6	1	8	3
9	6	8	1	3	5	2	4	7
1	4	3	2	7	8	9	5	6
4	9	6	5	2	1	7	3	8
3	8	2	6	4	7	5	1	9
7	5	1	3	8	9	6	2	4

Puzzle # 94

8	6	7	1	4	3	9	2	5
1	5	2	8	9	7	4	6	3
4	9	3	5	2	6	7	1	8
7	3	8	6	5	4	1	9	2
6	4	9	2	1	8	5	3	7
2	1	5	7	3	9	8	4	6
5	8	4	3	6	1	2	7	9
3	7	1	9	8	2	6	5	4
9	2	6	4	7	5	3	8	1

Puzzle # 96

1	8	2	5	9	4	6	3	7
4	6	9	7	2	3	8	5	1
7	5	3	1	8	6	2	9	4
9	1	5	4	3	8	7	6	2
6	3	8	2	7	9	1	4	5
2	7	4	6	5	1	3	8	9
8	4	6	9	1	2	5	7	3
5	9	1	3	6	7	4	2	8
3	2	7	8	4	5	9	1	6

Puzzle #97

EASY

	3		9	5	6	7	2	
6	5					3		4
7		2		3	1		9	
	6	5						
	4	1	7		5			6
			6			5		2
9		8	1					3
	1	6			7			9
			5	9	8			7

"Never miss a good chance to shut up."

- Will Rogers

Puzzle #98

EASY

	2	1		6	8	5		4
		7						
4		9				1	3	
7			8			9	5	
		2			3		1	
			5	9				7
9	8		3				6	
		5	6		1	4	9	3
		6		4		7		5

"I'm addicted to placebos." - Steven Wright

Puzzle #99

EASY

		1		7		3		
	2	6		1		8	4	
8	9						2	
			3		2			4
		8			7	6		
	5	2	6		1			
	6		7	2			3	8
2	7	9	8		5			
	8	4		5			9	7

"I'd like to live like a poor man – only with lots of money." - Pablo Picasso

Puzzle #100

EASY

	2			6			3	8
			3	9		7	6	
3	7	6	5		8		4	
					1	6		
	3	9					1	4
	1				7	3	5	9
		7	1	2	3			
2							7	6
	9		8	7	6	4		

"What's another word for Thesaurus?"

- Steven Wright

Puzzle # 97

1	3	4	9	5	6	7	2	8
6	5	9	8	7	2	3	1	4
7	8	2	4	3	1	6	9	5
3	6	5	2	4	9	8	7	1
2	4	1	7	8	5	9	3	6
8	9	7	6	1	3	5	4	2
9	7	8	1	6	4	2	5	3
5	1	6	3	2	7	4	8	9
4	2	3	5	9	8	1	6	7

Puzzle # 99

5	4	1	2	7	8	3	6	9
7	2	6	9	1	3	8	4	5
8	9	3	4	6	5	7	2	1
6	1	7	3	9	2	5	8	4
9	3	8	5	4	7	6	1	2
4	5	2	6	8	1	9	7	3
1	6	5	7	2	9	4	3	8
2	7	9	8	3	4	1	5	6
3	8	4	1	5	6	2	9	7

Puzzle # 98

3	2	1	9	6	8	5	7	4
8	5	7	1	3	4	6	2	9
4	6	9	7	2	5	1	3	8
7	4	3	8	1	6	9	5	2
5	9	2	4	7	3	8	1	6
6	1	8	5	9	2	3	4	7
9	8	4	3	5	7	2	6	1
2	7	5	6	8	1	4	9	3
1	3	6	2	4	9	7	8	5

Puzzle # 100

9	2	1	7	6	4	5	3	8
8	5	4	3	9	2	7	6	1
3	7	6	5	1	8	9	4	2
5	4	2	9	3	1	6	8	7
7	3	9	6	8	5	2	1	4
6	1	8	2	4	7	3	5	9
4	6	7	1	2	3	8	9	5
2	8	3	4	5	9	1	7	6
1	9	5	8	7	6	4	2	3

Puzzle #101
EASY

4			6	5			7	
			1			4	2	
			2	9		6		5
5	9		8		7			
	2		5	4		7	9	
	1						6	
	7	9	4		5	8		
6		1		8				
2	5		7	6	1		3	

"I look like a casual, laid-back guy, but it's like a circus in my head." - Steven Wright

Puzzle #102

EASY

5	4	9		7				
					8			3
3	1		4	6				9
4			3					5
	7			4			3	
8		3	7	1	5	6	2	
					7		8	6
2				9		3	5	1
	5	6		3	1	2		

"I was trying to daydream, but my mind kept wandering." - Steven Wright

Puzzle #103

EASY

3					1		8	
1			9	6				5
	4	5			3			
7	9	2	1				5	
4		6				1	9	2
			2		4	6		3
		3			8	7		9
	2			1				8
		4	7	2		5		1

"Man cannot live by bread alone; he must have peanut butter." - James A. Garfield

Puzzle #104

EASY

		6	7					9
5				1	3		6	
9	3	4	6	5		7		2
	4				1	2		6
6		3		8				
			2	7				
		1	8	2	4		7	
2	8					4		
	6		1	9	5			8

"My fake plants died because I did not pretend to water them." - Mitch Hedberg

Puzzle # 101

4	8	2	6	5	3	1	7	9
9	6	5	1	7	8	4	2	3
1	3	7	2	9	4	6	8	5
5	9	6	8	1	7	3	4	2
8	2	3	5	4	6	7	9	1
7	1	4	9	3	2	5	6	8
3	7	9	4	2	5	8	1	6
6	4	1	3	8	9	2	5	7
2	5	8	7	6	1	9	3	4

Puzzle # 103

3	6	9	4	5	1	2	8	7
1	7	8	9	6	2	3	4	5
2	4	5	8	7	3	9	1	6
7	9	2	1	3	6	8	5	4
4	3	6	5	8	7	1	9	2
8	5	1	2	9	4	6	7	3
5	1	3	6	4	8	7	2	9
9	2	7	3	1	5	4	6	8
6	8	4	7	2	9	5	3	1

Puzzle # 102

5	4	9	1	7	3	8	6	2
7	6	2	9	5	8	4	1	3
3	1	8	4	6	2	5	7	9
4	2	1	3	8	6	7	9	5
6	7	5	2	4	9	1	3	8
8	9	3	7	1	5	6	2	4
1	3	4	5	2	7	9	8	6
2	8	7	6	9	4	3	5	1
9	5	6	8	3	1	2	4	7

Puzzle # 104

8	1	6	7	4	2	5	3	9
5	7	2	9	1	3	8	6	4
9	3	4	6	5	8	7	1	2
7	4	9	5	3	1	2	8	6
6	2	3	4	8	9	1	5	7
1	5	8	2	7	6	9	4	3
3	9	1	8	2	4	6	7	5
2	8	5	3	6	7	4	9	1
4	6	7	1	9	5	3	2	8

Puzzle #105

EASY

1			8		4			6
2			3	7		8		
				6		7	3	1
4						6	7	
	9	7				3		4
	8	6	7				9	
	2		6	1		9	5	3
6	5			8				7
		1	2	5		4		

"There is nothing better than a friend, unless it is a friend with chocolate." - Linda Grayson

Puzzle #106

EASY

		9		6	1			
7				3			9	1
3	1		2		8	7		5
	8	3	9		7			
	4	1		8				3
		7	3	1	6	2	8	4
								7
1			8		9	5	3	
		5					1	9

"Work hard, nap hard." - Demi Lovato

Puzzle #107

EASY

3	4	9	5	2	7			6
	6			8				
2	5				6	3		
				9	8			1
9				4			6	
		5				2	9	
7	3	1		6			5	
5	9	4				6		8
	8	2		5	9		4	

"Get your facts first, then you can distort them as you please." - Mark Twain

Puzzle #108

EASY

	4			1	8	3		
3	1	5						
8	6	2	3	7				4
						9	8	2
	7		5			4		
1		9		4	3	5		7
	8			7	6	4		
	3	1	9	2	4			
				6				3

"There cannot be a crisis next week. My schedule is already full." - Henry Kissinger

Puzzle # 105

1	7	3	8	9	4	5	2	6
2	6	5	3	7	1	8	4	9
9	4	8	5	6	2	7	3	1
4	1	2	9	3	8	6	7	5
5	9	7	1	2	6	3	8	4
3	8	6	7	4	5	1	9	2
8	2	4	6	1	7	9	5	3
6	5	9	4	8	3	2	1	7
7	3	1	2	5	9	4	6	8

Puzzle # 107

3	4	9	5	2	7	1	8	6
1	6	7	9	8	3	4	2	5
2	5	8	4	1	6	3	7	9
4	2	6	7	9	8	5	3	1
9	1	3	2	4	5	8	6	7
8	7	5	6	3	1	2	9	4
7	3	1	8	6	4	9	5	2
5	9	4	3	7	2	6	1	8
6	8	2	1	5	9	7	4	3

Puzzle # 106

4	5	9	7	6	1	3	2	8
7	2	8	4	3	5	6	9	1
3	1	6	2	9	8	7	4	5
2	8	3	9	4	7	1	5	6
6	4	1	5	8	2	9	7	3
5	9	7	3	1	6	2	8	4
9	3	2	1	5	4	8	6	7
1	6	4	8	7	9	5	3	2
8	7	5	6	2	3	4	1	9

Puzzle # 108

9	4	7	6	1	8	3	2	5
3	1	5	4	9	2	8	7	6
8	6	2	3	7	5	1	9	4
4	5	3	7	6	1	9	8	2
2	7	6	5	8	9	4	3	1
1	8	9	2	4	3	5	6	7
5	2	8	1	3	7	6	4	9
6	3	1	9	2	4	7	5	8
7	9	4	8	5	6	2	1	3

Puzzle #109

EASY

3		6		8			2	
	9		4	3	2			7
			7	9				
9			5	7		8		1
	1	5			4			9
			9	1		2	6	
	8	4			7			2
6	5		2	4		3		
	2				9			6

"Most people work just hard enough not to get fired and get paid just enough money not to quit."
- George Carlin

Puzzle #110

EASY

		2	9			7		6
7	4		2			5		9
	9	5			7	4		
					4			3
	6	9			3		8	7
2		8		9	1	6	4	
	5							
9	2						7	1
1		6		7	9	3	5	2

"Laziness is nothing more than the habit of resting before you get tired." - Jules Renard

Puzzle #111

EASY

	5		1			3		
	8			7	6	4		1
			8		2			7
	2		6				3	8
1		8	3		7			4
		4			8	5		
6		2	7			1	4	
		5					7	
4	9			1			6	3

"The most ineffective workers are systematically moved to the place where they can do the least damage: management." - Scott Adams (Dilbert)

Puzzle #112

EASY

		7	9		1	6	4	
	2						8	5
4	1							
	7			5	2		9	
2		3	4	1	9			7
	8				3	2		4
		6		4	8		2	1
5			2				6	
			1	9		5	7	

"The best way to appreciate your job is to imagine yourself without one." - Oscar Wilde

Puzzle # 109

3	7	6	1	8	5	9	2	4
5	9	1	4	3	2	6	8	7
2	4	8	7	9	6	1	5	3
9	6	2	5	7	3	8	4	1
8	1	5	6	2	4	7	3	9
4	3	7	9	1	8	2	6	5
1	8	4	3	6	7	5	9	2
6	5	9	2	4	1	3	7	8
7	2	3	8	5	9	4	1	6

Puzzle # 111

7	5	6	1	9	4	3	8	2
2	8	3	5	7	6	4	9	1
9	4	1	8	3	2	6	5	7
5	2	9	6	4	1	7	3	8
1	6	8	3	5	7	9	2	4
3	7	4	9	2	8	5	1	6
6	3	2	7	8	9	1	4	5
8	1	5	4	6	3	2	7	9
4	9	7	2	1	5	8	6	3

Puzzle # 110

8	1	2	9	4	5	7	3	6
7	4	3	2	6	8	5	1	9
6	9	5	1	3	7	4	2	8
5	7	1	6	8	4	2	9	3
4	6	9	5	2	3	1	8	7
2	3	8	7	9	1	6	4	5
3	5	7	8	1	2	9	6	4
9	2	4	3	5	6	8	7	1
1	8	6	4	7	9	3	5	2

Puzzle # 112

3	5	7	9	8	1	6	4	2
6	2	9	3	7	4	1	8	5
4	1	8	6	2	5	7	3	9
1	7	4	8	5	2	3	9	6
2	6	3	4	1	9	8	5	7
9	8	5	7	6	3	2	1	4
7	3	6	5	4	8	9	2	1
5	9	1	2	3	7	4	6	8
8	4	2	1	9	6	5	7	3

Puzzle #113

EASY

	6	9				5		1
	8				6	7		3
	7		5	1		9	6	2
		7		2	1		9	5
	3	1		8	9			7
					5		3	
	2	3				4		6
7			9	3		2	5	
							7	

"Every time you feel yourself being pulled into other people's drama, repeat these words: Not my circus, not my monkeys." - Polish Proverb

Puzzle #114

EASY

5				7				
			9	4		1	5	
	4					8		7
		8	2	3	6	5		
		5	4					6
1	6						7	
9	8		5	6	3		4	
6		3			4			
4	2	1	7					5

"The closest a person ever comes to perfection
is when he fills out a job application form."
- Stanley Randall

Puzzle #115

EASY

5				9			4	
		9	4		2	5		6
	4			8	6	3		
		2	1				3	9
		5		2			8	
7		6		4				
6		4	8					1
				1		2		8
		8	2	6	5	4		3

"I don't know what's more exhausting about parenting: the getting up early, or the acting like you know what you're doing." - Jim Gaffigan

Puzzle #116

EASY

		2	9		6			
	9	4		1			2	
	6				2	3		9
	8		5		1			7
		1		9	7		8	3
9		5	2		3	6	4	
	5	6	8	3				
				6				8
3		8	7		4			

"It just occurred to me that the majority of my diet is made up of the foods that my kid didn't finish." - Carrie Underwood

Puzzle # 113

2	6	9	7	4	3	5	8	1
1	8	5	2	9	6	7	4	3
3	7	4	5	1	8	9	6	2
6	4	7	3	2	1	8	9	5
5	3	1	4	8	9	6	2	7
8	9	2	6	7	5	1	3	4
9	2	3	8	5	7	4	1	6
7	1	6	9	3	4	2	5	8
4	5	8	1	6	2	3	7	9

Puzzle # 115

5	6	3	7	9	1	8	4	2
8	7	9	4	3	2	5	1	6
2	4	1	5	8	6	3	9	7
4	8	2	1	5	7	6	3	9
1	3	5	6	2	9	7	8	4
7	9	6	3	4	8	1	2	5
6	2	4	8	7	3	9	5	1
3	5	7	9	1	4	2	6	8
9	1	8	2	6	5	4	7	3

Puzzle # 114

5	1	2	3	7	8	4	6	9
8	7	6	9	4	2	1	5	3
3	4	9	6	5	1	8	2	7
7	9	8	2	3	6	5	1	4
2	3	5	4	1	7	9	8	6
1	6	4	8	9	5	3	7	2
9	8	7	5	6	3	2	4	1
6	5	3	1	2	4	7	9	8
4	2	1	7	8	9	6	3	5

Puzzle # 116

1	3	2	9	7	6	8	5	4
5	9	4	3	1	8	7	2	6
8	6	7	4	5	2	3	1	9
6	8	3	5	4	1	2	9	7
2	4	1	6	9	7	5	8	3
9	7	5	2	8	3	6	4	1
4	5	6	8	3	9	1	7	2
7	2	9	1	6	5	4	3	8
3	1	8	7	2	4	9	6	5

Puzzle #117

EASY

	6				3	9		
7				4		2	5	
		5	7	9	1		3	4
5		3						8
	7		9		4		6	
6					8	7	2	9
		6				8		2
	2		1		9	3		
3	5	7			2	1		

"When your children are teenagers, it's important to have a dog so that someone in the house is happy to see you." - Nora Ephron

Puzzle #118

EASY

						2	8	
8	7		1			6		9
9		3		4				5
					9	3		6
	1	6		2		8		7
	3					4	5	
	6	4	5	8		9		2
	9	2	6			1		
3		7	2					

"I love being married. It's so great to find one special person you want to annoy for the rest of your life." Rita Rudner

Puzzle #119

EASY

6	9		2	1				
5				9	8	7	4	
			3		5	2		6
		9		5	1	3		4
					3	6	2	
	4							
9	2	5	4	3				8
	7		1		9		5	3
3					7			

"The most terrifying thing any woman can say to me is "Notice anything different?"
- Mike Vanatta

Puzzle #120
EASY

				1		7		4
	4		3	7	9	8	2	5
				6				9
			8			5		
5		6			7	4		2
	2	7			4	1		
	3	9				2	8	
	8	6	4					
	1			2		6	4	

"If people never did silly things nothing intelligent would ever get done."
- Ludwig Wittgenstein

Puzzle # 117

1	6	4	2	5	3	9	8	7
7	3	9	8	4	6	2	5	1
2	8	5	7	9	1	6	3	4
5	9	3	6	2	7	4	1	8
8	7	2	9	1	4	5	6	3
6	4	1	5	3	8	7	2	9
9	1	6	3	7	5	8	4	2
4	2	8	1	6	9	3	7	5
3	5	7	4	8	2	1	9	6

Puzzle # 119

6	9	7	2	1	4	8	3	5
5	3	2	6	9	8	7	4	1
4	8	1	3	7	5	2	9	6
2	6	9	7	5	1	3	8	4
1	5	8	9	4	3	6	2	7
7	4	3	8	6	2	5	1	9
9	2	5	4	3	6	1	7	8
8	7	6	1	2	9	4	5	3
3	1	4	5	8	7	9	6	2

Puzzle # 118

6	4	1	9	5	7	2	8	3
8	7	5	1	3	2	6	4	9
9	2	3	8	4	6	7	1	5
7	5	8	4	1	9	3	2	6
4	1	6	3	2	5	8	9	7
2	3	9	7	6	8	4	5	1
1	6	4	5	8	3	9	7	2
5	9	2	6	7	4	1	3	8
3	8	7	2	9	1	5	6	4

Puzzle # 120

8	3	9	2	1	5	7	6	4
6	4	1	3	7	9	8	2	5
7	5	2	4	8	6	3	1	9
1	9	4	8	3	2	5	7	6
5	8	6	1	9	7	4	3	2
3	2	7	5	6	4	1	9	8
4	6	3	9	5	1	2	8	7
2	7	8	6	4	3	9	5	1
9	1	5	7	2	8	6	4	3

Puzzle #121

EASY

8	1				5	9	6	
	9		1			8		2
		2						
			7	3			5	1
			6	4			3	8
2						4	9	
6	7		4		3		2	5
	2	8	9	7			4	
1	4		2				8	

"If I had asked people what they wanted, they would have said faster horses." - Henry Ford

Puzzle #122

EASY

						2		
5		2		3	8	9		
1			5	2	9	3		6
		5	1			8	4	2
		1	3	4	5	7	6	
	6	7					5	3
			9		3			
9	4	8			6			1
2	5		4		1			

"When people are laughing, they're generally not killing each other." - Alan Alda

Puzzle #123

EASY

4							5	9
	2		7					
5		1				7	2	3
8				5				7
		2	8	7	1	4	6	5
1				6			3	
			3	9		5		
7	1	4			6	3		
3	9			1	8			6

"Humor is emotional chaos remembered in tranquility." - James Thurber

Puzzle #124

EASY

	1	5			9			
8	7				4	1		9
2	4		1		3	6		
6	8		4		5	7		
	9		3		6			2
		3		7				
		8	9				6	
9					1	4		
4		1	6	5		2		7

"People are like music. Some speak the truth and others are just noise." – Bill Murray

Puzzle # 121

8	1	7	3	2	5	9	6	4
3	9	5	1	6	4	8	7	2
4	6	2	8	9	7	5	1	3
9	8	4	7	3	2	6	5	1
7	5	1	6	4	9	2	3	8
2	3	6	5	1	8	4	9	7
6	7	9	4	8	3	1	2	5
5	2	8	9	7	1	3	4	6
1	4	3	2	5	6	7	8	9

Puzzle # 123

4	7	3	1	8	2	6	5	9
6	2	9	7	3	5	1	8	4
5	8	1	6	4	9	7	2	3
8	4	6	2	5	3	9	1	7
9	3	2	8	7	1	4	6	5
1	5	7	9	6	4	8	3	2
2	6	8	3	9	7	5	4	1
7	1	4	5	2	6	3	9	8
3	9	5	4	1	8	2	7	6

Puzzle # 122

6	3	9	7	1	4	2	8	5
5	7	2	6	3	8	9	1	4
1	8	4	5	2	9	3	7	6
3	9	5	1	6	7	8	4	2
8	2	1	3	4	5	7	6	9
4	6	7	8	9	2	1	5	3
7	1	6	9	5	3	4	2	8
9	4	8	2	7	6	5	3	1
2	5	3	4	8	1	6	9	7

Puzzle # 124

3	1	5	7	6	9	8	2	4
8	7	6	5	2	4	1	3	9
2	4	9	1	8	3	6	7	5
6	8	2	4	9	5	7	1	3
7	9	4	3	1	6	5	8	2
1	5	3	8	7	2	9	4	6
5	2	8	9	4	7	3	6	1
9	6	7	2	3	1	4	5	8
4	3	1	6	5	8	2	9	7

Puzzle #125

EASY

8		5		2			6	
	4		6	3			7	8
3		1		5			4	2
6	1		2					
	3	7	9		6	8		
4	9	2	7					5
	5	4			2		8	
			5	6		4		
1			3	9				7

"I live in a neighborhood so bad that you can get shot while getting shot." Chris Rock

Puzzle #126
EASY

	1		2			8		
6		4	7		9	5		3
	9			5	3		6	4
4	3	6			8			
8					7		3	6
		2			1		5	
5			3				7	1
1		8						
7	2				5	6		

"You can only offend me if you mean something to me." - Chris Rock

Puzzle #127

EASY

8					2	9			3
	3	4	8	5				6	
2		9	4				5	8	
			5					9	4
				3	4		8		5
			2				1	3	
9					7				8
5	6			1					9
3	4	7						2	

"They say love is more important than money…

Have you tried paying your bills with a hug?"

- Dave Chappelle

Puzzle #128

EASY

		5			3			6
7	8		1					3
							4	8
8	9		7	5		2		
	1						9	4
	6				9			5
6	2				1	5	8	7
4				6	8		1	2
1		8		3		4		

"A two-year-old is kind of like having a blender, but you don't have a top for it." - Jerry Seinfeld

Puzzle # 125

8	7	5	4	2	9	1	6	3
2	4	9	6	3	1	5	7	8
3	6	1	8	5	7	9	4	2
6	1	8	2	4	5	7	3	9
5	3	7	9	1	6	8	2	4
4	9	2	7	8	3	6	1	5
9	5	4	1	7	2	3	8	6
7	2	3	5	6	8	4	9	1
1	8	6	3	9	4	2	5	7

Puzzle # 127

8	5	6	7	2	9	4	1	3
7	3	4	8	5	1	9	6	2
2	1	9	4	6	3	5	8	7
1	8	3	5	7	6	2	9	4
6	9	2	1	3	4	8	7	5
4	7	5	2	9	8	1	3	6
9	2	1	6	4	7	3	5	8
5	6	8	3	1	2	7	4	9
3	4	7	9	8	5	6	2	1

Puzzle # 126

3	1	5	2	6	4	8	9	7
6	8	4	7	1	9	5	2	3
2	9	7	8	5	3	1	6	4
4	3	6	5	9	8	7	1	2
8	5	1	4	2	7	9	3	6
9	7	2	6	3	1	4	5	8
5	4	9	3	8	6	2	7	1
1	6	8	9	7	2	3	4	5
7	2	3	1	4	5	6	8	9

Puzzle # 128

9	4	5	8	7	3	1	2	6
7	8	6	1	2	4	9	5	3
2	3	1	6	9	5	7	4	8
8	9	4	7	5	6	2	3	1
5	1	7	3	8	2	6	9	4
3	6	2	4	1	9	8	7	5
6	2	3	9	4	1	5	8	7
4	7	9	5	6	8	3	1	2
1	5	8	2	3	7	4	6	9

Puzzle #129

EASY

		8	3	2				9
5	7		8			4		3
		4		1		8		
		7			3		8	
						3	7	2
				9	8		6	4
			9	4		6		8
8	4		3	7	1		9	5
	3		2		6	1		

"Procrastinate now, don't put it off."

- Ellen DeGeneres

Puzzle #130

EASY

6	3		8		7		2	9
	7		1	4	6		3	
				9	2	6		
	6		3					
			2	4				
7		9	5			4	6	3
1		6				3		
	9	5	4				8	6
3			2		8	9	5	

"Why don't they give us things we can actually use?
I don't need a thinner phone. You know what I need?
I need to tortilla chip that can support the weight of
guacamole." - Ellen DeGeneres

Puzzle #131

EASY

2		7					1	
	5	1	7		4	3		9
9				6				
5			2		1			7
1		4			6		3	
7			9	4		2	5	
		9		8	2			5
							9	2
8	1	2		5		6		3

"My point is, life is about balance. The good and the bad. The highs and the lows. The pina and the colada." - Ellen DeGeneres

Puzzle #132

EASY

	9				4		8	1
7		8	1		6		3	
	4	3	2		5			
4		6	9	5			7	
5	1	9					2	
8			6			9		5
3	7				8		9	
9					3	6	5	
			7		9			8

"Do we have to worry about who's gay and who's straight? Can't we just love everybody and judge them by the car they drive?"

- Ellen DeGeneres

Puzzle # 129

1	6	8	4	3	2	7	5	9
5	7	2	8	6	9	4	1	3
3	9	4	5	1	7	8	2	6
4	5	7	6	2	3	9	8	1
6	8	9	1	5	4	3	7	2
2	1	3	7	9	8	5	6	4
7	2	1	9	4	5	6	3	8
8	4	6	3	7	1	2	9	5
9	3	5	2	8	6	1	4	7

Puzzle # 131

2	4	7	8	9	3	5	1	6
6	5	1	7	2	4	3	8	9
9	8	3	1	6	5	7	2	4
5	9	8	2	3	1	4	6	7
1	2	4	5	7	6	9	3	8
7	3	6	9	4	8	2	5	1
3	7	9	6	8	2	1	4	5
4	6	5	3	1	7	8	9	2
8	1	2	4	5	9	6	7	3

Puzzle # 130

6	3	4	8	5	7	1	2	9
9	7	2	1	4	6	5	3	8
8	5	1	3	9	2	6	7	4
4	6	8	7	3	9	2	1	5
5	1	3	6	2	4	8	9	7
7	2	9	5	8	1	4	6	3
1	8	6	9	7	5	3	4	2
2	9	5	4	1	3	7	8	6
3	4	7	2	6	8	9	5	1

Puzzle # 132

6	9	2	3	7	4	5	8	1
7	5	8	1	9	6	2	3	4
1	4	3	2	8	5	7	6	9
4	2	6	9	5	1	8	7	3
5	1	9	8	3	7	4	2	6
8	3	7	6	4	2	9	1	5
3	7	4	5	6	8	1	9	2
9	8	1	4	2	3	6	5	7
2	6	5	7	1	9	3	4	8

Puzzle #133

EASY

9			1	2				
			3	6			4	
		7			4		5	
	8		5	1	9		2	6
				8		9	7	
2	9	6				5		
	2	3	9			6		
8			2	3			9	1
1	6	9		4		2		

"Weather forecast for tonight: Dark."
- George Carlin

Puzzle #134

EASY

	2	6				8		1
	5						3	
8			4			9		
5					6		1	
6		9			1			7
7	3	1	5			6	2	9
4		3		9	7		5	
2			6		5	4		
			8		3	2	9	

"Don't sweat the petty things and don't pet the sweaty things." - George Carlin

Puzzle #135

EASY

	3	9	8					6
6		5		2	7			3
	1		3	5		7		9
				4	2	9		1
		2	7				4	8
		6	1	8	3		7	5
3							9	
5							3	7
	6		4		8	1	5	

"Think of how stupid the average person is, and realize half of them are stupider than that."

- George Carlin

Puzzle #136

EASY

	1			8		2	3	9
				1	5			4
	2	6		4		5	1	
4						8	9	
	6	7						
9		5	4		3			6
					8		7	
6		8			4	9	5	3
			9	6	7			2

"Have you ever noticed that anybody driving slower than you is an idiot, and anyone going faster than you is a maniac?" - George Carlin

Puzzle # 133

9	4	8	1	2	5	7	6	3
5	1	2	3	6	7	8	4	9
6	3	7	8	9	4	1	5	2
7	8	4	5	1	9	3	2	6
3	5	1	6	8	2	9	7	4
2	9	6	4	7	3	5	1	8
4	2	3	9	5	1	6	8	7
8	7	5	2	3	6	4	9	1
1	6	9	7	4	8	2	3	5

Puzzle # 135

7	3	9	8	1	4	5	2	6
6	8	5	9	2	7	4	1	3
2	1	4	3	5	6	7	8	9
8	7	3	5	4	2	9	6	1
1	5	2	7	6	9	3	4	8
4	9	6	1	8	3	2	7	5
3	2	1	6	7	5	8	9	4
5	4	8	2	9	1	6	3	7
9	6	7	4	3	8	1	5	2

Puzzle # 134

3	2	6	7	5	9	8	4	1
9	5	4	1	6	8	7	3	2
8	1	7	4	3	2	9	6	5
5	8	2	9	7	6	3	1	4
6	4	9	3	2	1	5	8	7
7	3	1	5	8	4	6	2	9
4	6	3	2	9	7	1	5	8
2	9	8	6	1	5	4	7	3
1	7	5	8	4	3	2	9	6

Puzzle # 136

5	1	4	7	8	6	2	3	9
8	9	3	2	1	5	7	6	4
7	2	6	3	4	9	5	1	8
4	3	2	6	5	1	8	9	7
1	6	7	8	9	2	3	4	5
9	8	5	4	7	3	1	2	6
2	4	9	5	3	8	6	7	1
6	7	8	1	2	4	9	5	3
3	5	1	9	6	7	4	8	2

Puzzle #137

EASY

	6							4
		1			2	6		7
	7	2	6			8		9
3	4	7					2	
9				8			4	
			7		4	3		6
7	9	8		3			6	
6	1	4		5		9		
2					6	4		1

"Be yourself; everyone else is already taken."
- Oscar Wilde

Puzzle #138
EASY

	3		5			2		6
		6	3			1	9	
9	2	7				3		5
7	1	8			2			
	4	2	9			8		
	5		7	1	8			
1		3					6	
2	7		6	3				
	6		2		7	4		3

"Here's all you have to know about men and women: Women are crazy, men are stupid. And the main reason women are crazy is that men are stupid." - George Carlin

Puzzle #139

EASY

	2			4		8	5	
			3	6	5			1
6	1		2		9			7
	8	4	6		2	5		
1	5				4			8
	6				8	9	2	
			1	9		3	8	
8		6		5				
5				2	7			

"Only one man in a thousand is a leader of men; the other 999 follow women." - Groucho Marx

Puzzle #140

EASY

		2	8	7	4	1		
	6			5		7	8	
7				9	1	3		5
			1			8		
1		7				9		
	2	5						
2	7					6	4	
			9		7		3	
8	5	9		3		2	7	

"I find television very educating. Every time somebody turns on the set, I go into the other room and read a book." - Groucho Marx

Puzzle # 137

5	6	9	3	7	8	2	1	4
8	3	1	9	4	2	6	5	7
4	7	2	6	1	5	8	3	9
3	4	7	5	6	9	1	2	8
9	2	6	1	8	3	7	4	5
1	8	5	7	2	4	3	9	6
7	9	8	4	3	1	5	6	2
6	1	4	2	5	7	9	8	3
2	5	3	8	9	6	4	7	1

Puzzle # 139

3	2	9	7	4	1	8	5	6
4	7	8	3	6	5	2	9	1
6	1	5	2	8	9	4	3	7
9	8	4	6	7	2	5	1	3
1	5	2	9	3	4	7	6	8
7	6	3	5	1	8	9	2	4
2	4	7	1	9	6	3	8	5
8	9	6	4	5	3	1	7	2
5	3	1	8	2	7	6	4	9

Puzzle # 138

4	3	1	5	7	9	2	8	6
5	8	6	3	2	4	1	9	7
9	2	7	1	8	6	3	4	5
7	1	8	4	6	2	5	3	9
6	4	2	9	5	3	8	7	1
3	5	9	7	1	8	6	2	4
1	9	3	8	4	5	7	6	2
2	7	4	6	3	1	9	5	8
8	6	5	2	9	7	4	1	3

Puzzle # 140

5	3	2	8	7	4	1	9	6
9	6	1	2	5	3	7	8	4
7	4	8	6	9	1	3	2	5
3	9	4	1	6	2	8	5	7
1	8	7	3	4	5	9	6	2
6	2	5	7	8	9	4	1	3
2	7	3	5	1	8	6	4	9
4	1	6	9	2	7	5	3	8
8	5	9	4	3	6	2	7	1

Puzzle #141

EASY

	6	5	1		9		8	7
9		7	3		5			
	1		8	7	6			2
	4		7		2	6	1	5
	3			1	4			8
	2			6			7	3
						2		
3	5							9
1		2		9				4

"Those are my principles, and if you don't like them…well I have others." - Groucho Marx

Puzzle #142

9			3		7	2	4	
					6	7		
7	8		4			6	9	
	7							2
8			1	2	4			
3		5	6			1		7
2			5					
5		1	2			8	7	
6	3		1		4	5	2	9

"If you're not having fun, you're doing something wrong." - Groucho Marx

Puzzle #143

EASY

3			2	8	5	4	6	
7		8		1	6			
5	6		7					
1		6						
			3	6	1	5		
		5					7	1
		9			3	8	5	
4	1		8			3		6
	5	3			2			9

"Learn from the mistakes of others. You can never live long enough to make them all yourself."
- Groucho Marx

Puzzle #144

EASY

3	1					4		
2	9		4	3				8
			7		9		3	
		2		6	7	8		
	3	9		4	8			7
8	7	4				5		
	2		6				8	
9			2		1			5
5	4	1			3	2		

"Blessed are the cracked, for they shall let in the light." - Groucho Marx

Puzzle # 141

2	6	5	1	4	9	3	8	7
9	8	7	3	2	5	1	4	6
4	1	3	8	7	6	5	9	2
8	4	9	7	3	2	6	1	5
7	3	6	5	1	4	9	2	8
5	2	1	9	6	8	4	7	3
6	9	8	4	5	7	2	3	1
3	5	4	2	8	1	7	6	9
1	7	2	6	9	3	8	5	4

Puzzle # 143

3	9	1	2	8	5	4	6	7
7	4	8	9	1	6	2	3	5
5	6	2	7	3	4	1	9	8
1	8	6	5	2	7	9	4	3
9	7	4	3	6	1	5	8	2
2	3	5	4	9	8	6	7	1
6	2	9	1	7	3	8	5	4
4	1	7	8	5	9	3	2	6
8	5	3	6	4	2	7	1	9

Puzzle # 142

9	5	6	3	8	7	2	4	1
4	1	2	5	9	6	7	3	8
7	8	3	4	2	1	6	9	5
1	7	4	8	3	5	9	6	2
8	6	9	7	1	2	4	5	3
3	2	5	6	4	9	1	8	7
2	4	7	9	5	8	3	1	6
5	9	1	2	6	3	8	7	4
6	3	8	1	7	4	5	2	9

Puzzle # 144

3	1	7	8	2	6	4	5	9
2	9	6	4	3	5	7	1	8
4	8	5	7	1	9	6	3	2
1	5	2	3	6	7	8	9	4
6	3	9	5	4	8	1	2	7
8	7	4	1	9	2	5	6	3
7	2	3	6	5	4	9	8	1
9	6	8	2	7	1	3	4	5
5	4	1	9	8	3	2	7	6

Puzzle #145
EASY

8		3	5	7		9	6	4
			6	9				8
4			8			5	7	
1				5	6			
	8	5			3		4	
	3			4				6
	4		1		5			9
5							3	1
7			3	2	9		8	

"It's amazing that the amount of news that happens in the world every day always just exactly fits the newspaper." - Jerry Seinfeld

Puzzle #146

EASY

5		3			6	8		
2	4			9		3		6
	8							5
	6	2		1	5	4	3	
1				3	9	6	2	
		4		8	2		5	
	5	9	8	4	1		6	3
		8					1	
					7			4

"Behind every great man is a woman rolling her eyes." - Jim Carrey

Puzzle #147

EASY

8			3		9	4		
		4			1		9	5
9					5			3
5		3			6		7	
		9	5		8	6		
		1				8	5	
	7	6				9		8
2			4			5	6	1
1	9			6				7

"You know the trouble with real life?
There's no danger music." - Jim Carrey

Puzzle #148

EASY

		6	5			9		
3	8			2	7		4	
4		1	9			8		7
9			7	5		2		
	4		3		6	1		
	6		8					5
2		3		1		6	8	
	9	4	2				5	1
	1				9			

"I don't want to be a vampire. I'm a day person."

- Jim Carrey

Puzzle # 145

8	1	3	5	7	2	9	6	4
2	5	7	6	9	4	3	1	8
4	9	6	8	3	1	5	7	2
1	7	4	2	5	6	8	9	3
6	8	5	9	1	3	2	4	7
9	3	2	7	4	8	1	5	6
3	4	8	1	6	5	7	2	9
5	2	9	4	8	7	6	3	1
7	6	1	3	2	9	4	8	5

Puzzle # 147

8	5	2	3	7	9	4	1	6
3	6	4	2	8	1	7	9	5
9	1	7	6	4	5	2	8	3
5	8	3	9	2	6	1	7	4
7	4	9	5	1	8	6	3	2
6	2	1	7	3	4	8	5	9
4	7	6	1	5	3	9	2	8
2	3	8	4	9	7	5	6	1
1	9	5	8	6	2	3	4	7

Puzzle # 146

5	9	3	1	7	6	8	4	2
2	4	1	5	9	8	3	7	6
6	8	7	3	2	4	1	9	5
8	6	2	7	1	5	4	3	9
1	7	5	4	3	9	6	2	8
9	3	4	6	8	2	7	5	1
7	5	9	8	4	1	2	6	3
4	2	8	9	6	3	5	1	7
3	1	6	2	5	7	9	8	4

Puzzle # 148

7	2	6	5	8	4	9	1	3
3	8	9	1	2	7	5	4	6
4	5	1	9	6	3	8	2	7
9	3	8	7	5	1	2	6	4
5	4	2	3	9	6	1	7	8
1	6	7	8	4	2	3	9	5
2	7	3	4	1	5	6	8	9
6	9	4	2	3	8	7	5	1
8	1	5	6	7	9	4	3	2

Puzzle #149

EASY

	4		7	6	8	1		5
9				5			2	
		5				4	6	8
	2	1	9	3			5	
	6	7	4				3	2
3					2		8	1
				1		8		
	7		6		9			
1	3	9	8		5			

"Until Ace Ventura, no actor had considered talking through his ass." - Jim Carrey

Puzzle #150

EASY

		1		7	2			
2	8	6	5		3		1	9
7	9			1		5		
		9	4				7	2
	5			6		9	4	8
	1	7			8	6		5
		5						7
6		3	2					1
9	7	8					6	

"The one thing you shouldn't do is try to tell a cab driver how to get somewhere."

- Jimmy Fallon

Puzzle #151

EASY

		9			5			7
8	5		7		6			2
6		7		1	4	5	3	9
		5	6				1	4
					8		2	
	7							3
7		8	1	2			9	5
	3	4						
	1	2			9	3		

"Sometimes I wish I had a terrible childhood, so that at least I'd have an excuse."

- Jimmy Fallon

Puzzle #152

EASY

9	4	2		8				
8		5		2			4	3
	6	1		9				7
					9		7	
	2		8		1		5	9
	3		6		2		1	
	9			6		1		
2		4				7		
1		6			3		9	5

"Thank you, 2:30 in the morning, for always being the first sign that tomorrow's gonna suck."
- Jimmy Fallon

Puzzle # 149

2	4	3	7	6	8	1	9	5
9	8	6	1	5	4	3	2	7
7	1	5	2	9	3	4	6	8
8	2	1	9	3	6	7	5	4
5	6	7	4	8	1	9	3	2
3	9	4	5	7	2	6	8	1
6	5	2	3	1	7	8	4	9
4	7	8	6	2	9	5	1	3
1	3	9	8	4	5	2	7	6

Puzzle # 151

1	4	9	2	3	5	6	8	7
8	5	3	7	9	6	1	4	2
6	2	7	8	1	4	5	3	9
3	8	5	6	7	2	9	1	4
4	9	1	3	5	8	7	2	6
2	7	6	9	4	1	8	5	3
7	6	8	1	2	3	4	9	5
9	3	4	5	8	7	2	6	1
5	1	2	4	6	9	3	7	8

Puzzle # 150

5	3	1	9	7	2	4	8	6
2	8	6	5	4	3	7	1	9
7	9	4	8	1	6	5	2	3
8	6	9	4	3	5	1	7	2
3	5	2	1	6	7	9	4	8
4	1	7	2	9	8	6	3	5
1	2	5	6	8	4	3	9	7
6	4	3	7	2	9	8	5	1
9	7	8	3	5	1	2	6	4

Puzzle # 152

9	4	2	3	8	7	5	6	1
8	7	5	1	2	6	9	4	3
3	6	1	5	9	4	8	2	7
6	1	8	4	5	9	3	7	2
4	2	7	8	3	1	6	5	9
5	3	9	6	7	2	4	1	8
7	9	3	2	6	5	1	8	4
2	5	4	9	1	8	7	3	6
1	8	6	7	4	3	2	9	5

Puzzle #153

EASY

		3		8	5			
5							4	6
	7	2	4					
	5	7	2	6				
1		6		4			2	3
		4	3	9	7			5
6	2				4	1	3	
8	3			7		5		
			6		3	9	8	2

"I have complete faith in the continued absurdity of whatever's going on." - Jon Stewart

Puzzle #154

EASY

			4		7			
6	4	3			9			5
	8	2			3		9	
8	1		9	3				7
2		9	5			1	4	
			1	6	4	9		
9	5	8			1		6	
3								9
4		6	7	9	5			

"The best advice I've ever received is, 'No one else knows what they're doing either'."

- Ricky Gervais

Puzzle #155

EASY

	5	4			6	2	8	
		3	1	9				
7			8				6	
4				8	9	1		
	7	9				8	5	
	1	8			3		7	
	8						9	2
3	4	7		2	8	6		
	2		5		4	7		

"Mondays are fine. It's your life that sucks."

- Ricky Gervais

Puzzle #156

EASY

		8			6	3	7	
		3		9	1			
2	9		3		5	4	6	
6					2		9	4
	7	4	9					
	2	5	6			8	1	3
5			2			1		
7						9		
	1		5	6			4	8

"Anyone know the number to 911?"

- Ryan Reynolds

Puzzle # 153

4	6	3	1	8	5	2	7	9
5	1	8	7	2	9	3	4	6
9	7	2	4	3	6	8	5	1
3	5	7	2	6	1	4	9	8
1	9	6	5	4	8	7	2	3
2	8	4	3	9	7	6	1	5
6	2	9	8	5	4	1	3	7
8	3	1	9	7	2	5	6	4
7	4	5	6	1	3	9	8	2

Puzzle # 155

1	5	4	3	7	6	2	8	9
8	6	3	1	9	2	5	4	7
7	9	2	8	4	5	3	6	1
4	3	5	7	8	9	1	2	6
2	7	9	4	6	1	8	5	3
6	1	8	2	5	3	9	7	4
5	8	1	6	3	7	4	9	2
3	4	7	9	2	8	6	1	5
9	2	6	5	1	4	7	3	8

Puzzle # 154

1	9	5	4	8	7	2	3	6
6	4	3	2	1	9	8	7	5
7	8	2	6	5	3	4	9	1
8	1	4	9	3	2	6	5	7
2	6	9	5	7	8	1	4	3
5	3	7	1	6	4	9	8	2
9	5	8	3	2	1	7	6	4
3	7	1	8	4	6	5	2	9
4	2	6	7	9	5	3	1	8

Puzzle # 156

1	5	8	4	2	6	3	7	9
4	6	3	7	9	1	5	8	2
2	9	7	3	8	5	4	6	1
6	3	1	8	5	2	7	9	4
8	7	4	9	1	3	6	2	5
9	2	5	6	7	4	8	1	3
5	8	6	2	4	9	1	3	7
7	4	2	1	3	8	9	5	6
3	1	9	5	6	7	2	4	8

Puzzle #157

EASY

	5			6	9			4
	6					7		
7			1	5		8		3
	3	1		2		6	5	
2	7	4		1	6			
	8	6		3				2
		8			5		4	
	1		2		8	5		6
	2		3	4		9	7	

"Airplane toilets are aggressive. It wasn't until I got back to my seat that I noticed my pants and testicles were missing." - Ryan Reynolds

Puzzle #158

EASY

		9	7			1		5
			5	4			9	6
1				6	9	3		
5	7			3	8	9		1
8		4					5	
		3	9		4	7	8	
		1	4	9	6		3	7
		5				4	6	9

"If you find me, please let me know where the hell I've been." - Ryan Reynolds

Puzzle #159

EASY

7			9	5	2	1		
			1		3		2	7
2		1		7			5	6
9				1				
1	7		5	4				2
6						8	7	
			2	9	6		3	
	2		4			5		
4		6		3		2	1	

"Don't cry over spilled milk. By this time tomorrow, it'll be free yogurt." - Stephen Colbert

Puzzle #160
EASY

	2			7	4	3	8	
5		6	8	9		2		
3		8	1	5	2		9	
	8		3	4			2	7
				8	9		6	
	9	3	2		1	5	4	8
		5					3	
4					6			
	1							2

"Now, for my younger viewers out there, a book is something we used to have before the internet. It's sort of a blog for people with attention spans."
- Stephen Colbert

Puzzle # 157

8	5	3	7	6	9	1	2	4
1	6	2	4	8	3	7	9	5
7	4	9	1	5	2	8	6	3
9	3	1	8	2	4	6	5	7
2	7	4	5	1	6	3	8	9
5	8	6	9	3	7	4	1	2
3	9	8	6	7	5	2	4	1
4	1	7	2	9	8	5	3	6
6	2	5	3	4	1	9	7	8

Puzzle # 159

7	6	4	9	5	2	1	8	3
8	5	9	1	6	3	4	2	7
2	3	1	8	7	4	9	5	6
9	8	2	6	1	7	3	4	5
1	7	3	5	4	8	6	9	2
6	4	5	3	2	9	8	7	1
5	1	8	2	9	6	7	3	4
3	2	7	4	8	1	5	6	9
4	9	6	7	3	5	2	1	8

Puzzle # 158

4	6	9	7	8	3	1	2	5
3	2	7	5	4	1	8	9	6
1	5	8	2	6	9	3	7	4
5	7	2	6	3	8	9	4	1
8	9	4	1	2	7	6	5	3
6	1	3	9	5	4	7	8	2
2	8	1	4	9	6	5	3	7
9	4	6	3	7	5	2	1	8
7	3	5	8	1	2	4	6	9

Puzzle # 160

1	2	9	6	7	4	3	8	5
5	7	6	8	9	3	2	1	4
3	4	8	1	5	2	7	9	6
6	8	1	3	4	5	9	2	7
2	5	4	7	8	9	1	6	3
7	9	3	2	6	1	5	4	8
8	6	5	9	2	7	4	3	1
4	3	2	5	1	6	8	7	9
9	1	7	4	3	8	6	5	2

Puzzle #161

EASY

3							6	1
	4		3	8		9	7	
5	7				9			
2	8			3	1	6		
9	6		5	4				2
1				2			5	
7					3		4	
			2	5	4			6
			6	9		1		8

"Contrary to what people may say, there's no upper limit on stupidity." Stephen Colbert

Puzzle #162

EASY

							9	8
5		6			3	2		
9	4					7	3	
		9			4	3		
2	6			8	5			
	8	1				6	5	
6	9		5	1			2	
	2		3	4	6	1		
	1		9					5

"Before you marry a person, you should first make them use a computer with slow Internet service to see who they really are." - Will Ferrell

Puzzle #163

EASY

1	4		8	7		6		
	8	2		3		1		
9			2			4		
6			9	8			7	
					7	8	9	6
				6			2	1
5	1				6	2		3
	7			4	5			8
4				2			6	

"Whenever someone calls me ugly I get super sad and hug them, because I know how tough life is for the visually impaired." - Will Ferrell

Puzzle #164
EASY

6	7		8	4				1
			1	3	6	9		
1			5			3	4	6
	1			5		6	9	
5		4		8			7	
	2					1		4
9		5			8		3	2
	7							
	4		7		2	8		5

"Facebook is like jail, you sit around and waste time, you write on walls and you get poked by people you don't know." - Will Ferrell

Puzzle # 161

3	9	8	4	7	5	2	6	1
6	4	1	3	8	2	9	7	5
5	7	2	1	6	9	4	8	3
2	8	5	7	3	1	6	9	4
9	6	7	5	4	8	3	1	2
1	3	4	9	2	6	8	5	7
7	2	6	8	1	3	5	4	9
8	1	9	2	5	4	7	3	6
4	5	3	6	9	7	1	2	8

Puzzle # 163

1	4	5	8	7	9	6	3	2
7	8	2	6	3	4	1	5	9
9	6	3	2	5	1	4	8	7
6	5	1	9	8	2	3	7	4
3	2	4	5	1	7	8	9	6
8	9	7	4	6	3	5	2	1
5	1	8	7	9	6	2	4	3
2	7	6	3	4	5	9	1	8
4	3	9	1	2	8	7	6	5

Puzzle # 162

1	3	2	4	6	7	5	9	8
5	7	6	8	9	3	2	1	4
9	4	8	2	5	1	7	3	6
7	5	9	6	2	4	3	8	1
2	6	3	1	8	5	9	4	7
4	8	1	7	3	9	6	5	2
6	9	7	5	1	8	4	2	3
8	2	5	3	4	6	1	7	9
3	1	4	9	7	2	8	6	5

Puzzle # 164

6	7	3	8	4	9	5	2	1
4	5	2	1	3	6	9	8	7
1	9	8	5	2	7	3	4	6
7	3	1	2	5	4	6	9	8
5	6	4	9	8	1	2	7	3
8	2	9	6	7	3	1	5	4
9	1	5	4	6	8	7	3	2
2	8	7	3	1	5	4	6	9
3	4	6	7	9	2	8	1	5

Puzzle #165

EASY

	1		3		2			8
	3	9			6			5
	2		4	1			7	
	4		9		5			
9	6	2			8		5	
1		8				3	6	
2	7		5	8			4	1
3	9	1			7			6

"I believe there is something out there watching us. Unfortunately, it's the government."
- Woody Allen

Puzzle #166

EASY

1		8	6	9				7
	2		5	1				
4		5	3				8	
5	8		4		1	7	3	
2		1				4		
7			9	5			2	8
	5	2		4				9
		4		6			1	
9	1				5	8		

"Confidence is what you have before you understand the problem." - Woody Allen

Puzzle #167

EASY

	5		1			6	7	
2		3			8	9	1	
				9				3
	4	2	9				6	
5		6			7	1	4	
	7		5	6	4		2	8
	2	1		5		4		6
	9	4		2		8		1
			3					2

"I am thankful for laughter, except when milk comes out of my nose." - Woody Allen

Puzzle #168

EASY

8				4		1	5	
3	6	4		1	5	8		
	1	9	3		2	6		
9	4		2	7				
7	3		4		1		6	9
				6				4
	7							8
		2			8	7		
			6	9	7		2	

"Life doesn't imitate art, it imitates bad television." - Woody Allen

Puzzle # 165

6	1	7	3	5	2	4	9	8
4	3	9	8	7	6	1	2	5
8	2	5	4	1	9	6	7	3
7	4	3	9	6	5	8	1	2
9	6	2	1	3	8	7	5	4
1	5	8	7	2	4	3	6	9
2	7	6	5	8	3	9	4	1
3	9	1	2	4	7	5	8	6
5	8	4	6	9	1	2	3	7

Puzzle # 167

9	5	8	1	3	2	6	7	4
2	6	3	4	7	8	9	1	5
4	1	7	6	9	5	2	8	3
8	4	2	9	1	3	5	6	7
5	3	6	2	8	7	1	4	9
1	7	9	5	6	4	3	2	8
7	2	1	8	5	9	4	3	6
3	9	4	7	2	6	8	5	1
6	8	5	3	4	1	7	9	2

Puzzle # 166

1	3	8	6	9	4	2	5	7
6	2	7	5	1	8	9	4	3
4	9	5	3	7	2	6	8	1
5	8	9	4	2	1	7	3	6
2	6	1	7	8	3	4	9	5
7	4	3	9	5	6	1	2	8
8	5	2	1	4	7	3	6	9
3	7	4	8	6	9	5	1	2
9	1	6	2	3	5	8	7	4

Puzzle # 168

8	2	7	9	4	6	1	5	3
3	6	4	7	1	5	8	9	2
5	1	9	3	8	2	6	4	7
9	4	6	2	7	3	5	8	1
7	3	8	4	5	1	2	6	9
2	5	1	8	6	9	3	7	4
6	7	5	1	2	4	9	3	8
4	9	2	5	3	8	7	1	6
1	8	3	6	9	7	4	2	5

Puzzle #169
EASY

6	1	5				9		8
4	7	3					6	2
	9			6				
8				2	9	7		
7	4				3		9	5
				5	4		2	1
	6		8				3	7
3	8		2					
		9			5	4		

"I failed kindergarten because I couldn't spell my last name." - Zach Galifianakis

Puzzle #170

EASY

3	2				7	5		
1		6		2		3		
		7	3					
	7	3		9				5
9				3				
6			7	1	4	9	3	8
7		1				2	9	
	3	5			2			
	8			6		7		4

"Change is not a four-letter word…

but often your reaction to it is!" – Jeffrey Gitomer

Puzzle #171
EASY

		9	5			8		
	4	2	6	8			7	9
7	8			2	9	1		6
9			2					
					7	4	5	
		1		5	6	7		
	7			3	5	9		
5			1					8
1	3		7		4	2		

"It could be that your purpose in life is to serve as a warning to others." – Ashleigh Brilliant

Puzzle #172

EASY

	4			7		3	5	
7				2	5	6		
			8		3	9		
8	9	7					1	6
4		2			1			
	5	6	2		9			
3	7			9				4
			4		8			3
			5	3	7	1	6	

"If at first, you don't succeed, then skydiving definitely isn't for you." – Steven Wright

Puzzle #   169

6	1	5	4	3	2	9	7	8
4	7	3	9	1	8	5	6	2
2	9	8	5	6	7	3	1	4
8	5	1	6	2	9	7	4	3
7	4	2	1	8	3	6	9	5
9	3	6	7	5	4	8	2	1
5	6	4	8	9	1	2	3	7
3	8	7	2	4	6	1	5	9
1	2	9	3	7	5	4	8	6

Puzzle #   171

6	1	9	5	7	3	8	2	4
3	4	2	6	8	1	5	7	9
7	8	5	4	2	9	1	3	6
9	5	7	2	4	8	6	1	3
8	6	3	9	1	7	4	5	2
4	2	1	3	5	6	7	9	8
2	7	6	8	3	5	9	4	1
5	9	4	1	6	2	3	8	7
1	3	8	7	9	4	2	6	5

Puzzle # 170

3	2	8	6	4	7	5	1	9
1	4	6	5	2	9	3	8	7
5	9	7	3	8	1	4	2	6
8	7	3	2	9	6	1	4	5
9	1	4	8	3	5	6	7	2
6	5	2	7	1	4	9	3	8
7	6	1	4	5	8	2	9	3
4	3	5	9	7	2	8	6	1
2	8	9	1	6	3	7	5	4

Puzzle # 172

9	4	8	1	7	6	3	5	2
7	1	3	9	2	5	6	4	8
6	2	5	8	4	3	9	7	1
8	9	7	3	5	4	2	1	6
4	3	2	7	6	1	8	9	5
1	5	6	2	8	9	4	3	7
3	7	1	6	9	2	5	8	4
5	6	9	4	1	8	7	2	3
2	8	4	5	3	7	1	6	9

Puzzle #173

EASY

						6		8	
			5		7	2		4
	1		8				6	
4	5			2	9			
9	7	1	4					
3			7	8				9
8			1		4	6		2
	3	5		6	8			7
	6		9			1	3	8

"I didn't fail the test. I just found 100 ways to do it wrong." – Benjamin Franklin

Puzzle #174

EASY

		3			7		6	
5	6			2		1		
7		4	8	6	9			
2	3	8			1			6
		6	4		5		2	
4	5	1				7	9	8
	9			4	8	6		
		5		9			4	3
	4		2	5			1	

"There never was a child so lovely but his mother was glad to get him asleep." Ralph Waldo Emerson

Puzzle #175

EASY

	3						1	6
7	4				2	9		5
	5	8	3			4	2	
	6		5		8			
	2		9	7			5	8
8			4		1	6	9	
4	1				5	2		
							4	9
5			8		3	7	6	1

"All you need in this life is ignorance and confidence, and then success is sure."

– Mark Twain

Puzzle #176

EASY

3	2	4			8	7	5	
9				4	7			2
1		5	6			4		
	5				2		6	1
			7				3	
8	3		1			9		7
	8		2		9			
7			8	3		5		
2		1					8	

"It took me fifteen years to discover I had no talent for writing, but I couldn't give it up because by then I was too famous."
– Robert Benchley

Puzzle # 173

7	4	2	3	1	6	9	8	5
6	8	3	5	9	7	2	1	4
5	1	9	8	4	2	7	6	3
4	5	8	6	2	9	3	7	1
9	7	1	4	5	3	8	2	6
3	2	6	7	8	1	5	4	9
8	9	7	1	3	4	6	5	2
1	3	5	2	6	8	4	9	7
2	6	4	9	7	5	1	3	8

Puzzle # 175

2	3	9	7	5	4	8	1	6
7	4	6	1	8	2	9	3	5
1	5	8	3	6	9	4	2	7
9	6	1	5	2	8	3	7	4
3	2	4	9	7	6	1	5	8
8	7	5	4	3	1	6	9	2
4	1	7	6	9	5	2	8	3
6	8	3	2	1	7	5	4	9
5	9	2	8	4	3	7	6	1

Puzzle # 174

8	2	3	5	1	7	9	6	4
5	6	9	3	2	4	1	8	7
7	1	4	8	6	9	5	3	2
2	3	8	9	7	1	4	5	6
9	7	6	4	8	5	3	2	1
4	5	1	6	3	2	7	9	8
3	9	2	1	4	8	6	7	5
1	8	5	7	9	6	2	4	3
6	4	7	2	5	3	8	1	9

Puzzle # 176

3	2	4	9	1	8	7	5	6
9	6	8	5	4	7	3	1	2
1	7	5	6	2	3	4	9	8
4	5	7	3	9	2	8	6	1
6	1	9	7	8	4	2	3	5
8	3	2	1	5	6	9	4	7
5	8	3	2	6	9	1	7	4
7	4	6	8	3	1	5	2	9
2	9	1	4	7	5	6	8	3

Puzzle #177

EASY

		5		7	6		3	
		3	4					
4				3	5	2	9	1
	3		7		1		8	9
5				9	8	4	7	
7								6
3	4				7			
1			3		9			7
9	7							2

"The trouble with having an open mind, of course, is that people will insist on coming along and trying to put things in it." – Terry Pratchett

Puzzle #178

EASY

					7			9
3			6	8				
			4	9			3	1
5	1	8			4			6
	4		9	6			1	
			1	2			4	
8		1	4		3		6	
		7		1		3		8
	9	3	5		8			

"You can live to be a hundred if you give up all the things that make you want to live to be a hundred." Woody Allen

Puzzle #179

EASY

9	1	5			6			7
			1	4	5			2
					3	6	1	
	9		8	6	7	1		
4			3		2	7	5	
7	8		4		1		9	
			7			2	4	
1	7	4			9		6	3
	2	9						

"The elevator to success is out of order. You'll have to use the stairs… one step at a time."
– Joe Girard

Puzzle #180

EASY

5	7	1		6	2	4	8	3
	8	9			1		2	
			7	5	8	9		
	2				6			5
		5	2	7				
9	3	4						6
8	5						1	4
3			5				9	
4				2		3		

"Life is hard, after all, it kills you."

– Kathrine Hepburn

Puzzle # 177

2	1	5	9	7	6	8	3	4
8	9	3	4	1	2	7	6	5
4	6	7	8	3	5	2	9	1
6	3	4	7	2	1	5	8	9
5	2	1	6	9	8	4	7	3
7	8	9	5	4	3	1	2	6
3	4	6	2	5	7	9	1	8
1	5	2	3	8	9	6	4	7
9	7	8	1	6	4	3	5	2

Puzzle # 179

9	1	5	2	8	6	4	3	7
6	3	7	1	4	5	9	8	2
2	4	8	9	7	3	6	1	5
5	9	3	8	6	7	1	2	4
4	6	1	3	9	2	7	5	8
7	8	2	4	5	1	3	9	6
3	5	6	7	1	8	2	4	9
1	7	4	5	2	9	8	6	3
8	2	9	6	3	4	5	7	1

Puzzle # 178

1	2	4	3	5	7	6	8	9
3	7	9	6	8	1	4	2	5
6	8	5	2	4	9	7	3	1
5	1	8	7	3	4	2	9	6
7	4	2	8	9	6	5	1	3
9	3	6	1	2	5	8	4	7
8	5	1	4	7	3	9	6	2
4	6	7	9	1	2	3	5	8
2	9	3	5	6	8	1	7	4

Puzzle # 180

5	7	1	9	6	2	4	8	3
6	8	9	3	4	1	5	2	7
2	4	3	7	5	8	9	6	1
7	2	8	4	9	6	1	3	5
1	6	5	2	7	3	8	4	9
9	3	4	8	1	5	2	7	6
8	5	2	6	3	9	7	1	4
3	1	7	5	8	4	6	9	2
4	9	6	1	2	7	3	5	8

Puzzle #181

EASY

				1			5	
8	4	3					9	
	7		9		2			
	3	5	4		6	9		
	9	6		8	1		7	3
			3			4	1	
3	5				8	7		
	1		7	2			3	9
		7		4	3	1		

"The brain is a wonderful organ; it starts working the moment you get up in the morning, and does not stop until you get into the office." – Robert Frost

Puzzle #182

EASY

3		6	1		4	5		
			7					
4				5		7		
7					1			
	1	9	4	3	5	8		
		5	9	7	6		1	4
5	6		8			4		9
	8			2		1		7
			5			2	8	6

**"We don't stop playing because we grow old;
we grow old because we stop playing."
– George Bernard Shaw**

Puzzle #183

EASY

	7			1	9	5		
	3			2	4			
	6			8	7	2	3	4
4		7	2	6		3		8
			7	4		9		5
		8				6		7
	8	5					7	
		9		5		8		3
	6	2			3			

"Life is not a fairy tale. If you lose your shoe at midnight…you're drunk." – Bill Murray

Puzzle #184

EASY

				6		4	8	
	1	4					2	
	6		3	8		5		
5	8	3	4					1
	4					8	6	
	7	2			5		3	
3	5	7	1	4		6		
		6	9	5				8
4					7			3

"To be old and wise, you must first be young and stupid." – Oprah Winfrey

Puzzle # 181

2	6	9	8	1	4	3	5	7
8	4	3	5	6	7	2	9	1
5	7	1	9	3	2	6	4	8
1	3	5	4	7	6	9	8	2
4	9	6	2	8	1	5	7	3
7	2	8	3	5	9	4	1	6
3	5	2	1	9	8	7	6	4
6	1	4	7	2	5	8	3	9
9	8	7	6	4	3	1	2	5

Puzzle # 183

2	7	4	3	1	9	5	8	6
8	5	3	6	2	4	7	9	1
9	1	6	5	8	7	2	3	4
4	9	7	2	6	5	3	1	8
6	3	1	7	4	8	9	2	5
5	2	8	9	3	1	6	4	7
3	8	5	4	9	6	1	7	2
7	4	9	1	5	2	8	6	3
1	6	2	8	7	3	4	5	9

Puzzle #   182

3	7	6	1	9	4	5	2	8
2	5	1	7	6	8	9	4	3
4	9	8	3	5	2	7	6	1
7	4	3	2	8	1	6	9	5
6	1	9	4	3	5	8	7	2
8	2	5	9	7	6	3	1	4
5	6	2	8	1	7	4	3	9
9	8	4	6	2	3	1	5	7
1	3	7	5	4	9	2	8	6

Puzzle #   184

7	3	5	2	6	1	4	8	9
8	1	4	5	7	9	3	2	6
2	6	9	3	8	4	5	1	7
5	8	3	4	9	6	2	7	1
9	4	1	7	3	2	8	6	5
6	7	2	8	1	5	9	3	4
3	5	7	1	4	8	6	9	2
1	2	6	9	5	3	7	4	8
4	9	8	6	2	7	1	5	3

Puzzle #185

EASY

7		4		3			1	6
2	5	6		9				3
1							5	8
6	7		4	2		3		
		8	9		6		2	
		1	8	7	3			9
8				5	9	1	6	
	6							2
9	1		6					

"If you can't convince them, confuse them."
- Harry S. Truman

Puzzle #186

EASY

	1	4		7			8	9
				5	3	6		
8		6	1	9				
					7			4
	5	3	6		2	1	9	
			3	8		2		7
3		9				8		
6	8		7	3	9	4		5
		5		6			2	

"People say nothing is impossible, but I do nothing every day." – A.A. Milne

Puzzle #187

EASY

5			4	2		9		8
1	2	4			9			
6	8		5					1
					6	4		9
	6		9	1		7		3
	9	7			2	8	1	
9		5					7	
			7	9			8	
			2	4	3			

"Too much of a good thing can be wonderful."
– Mae West

Puzzle #188

EASY

			1		9	6		8
			6	2		5	3	
8								2
1	9		4					
6	8			3	1			9
		4			2			6
	7	6	2	8		3		
3	1	5	9	6	7	8	2	4
4	2				3			

"Opportunity is missed by most people because it is dressed in overalls and looks like work."

– Thomas Edison

Puzzle # 185

7	8	4	5	3	2	9	1	6
2	5	6	1	9	8	4	7	3
1	9	3	7	6	4	2	5	8
6	7	9	4	2	5	3	8	1
3	4	8	9	1	6	5	2	7
5	2	1	8	7	3	6	4	9
8	3	7	2	5	9	1	6	4
4	6	5	3	8	1	7	9	2
9	1	2	6	4	7	8	3	5

Puzzle # 187

5	7	3	4	2	1	9	6	8
1	2	4	6	8	9	5	3	7
6	8	9	5	3	7	2	4	1
3	5	1	8	7	6	4	2	9
8	6	2	9	1	4	7	5	3
4	9	7	3	5	2	8	1	6
9	4	5	1	6	8	3	7	2
2	3	6	7	9	5	1	8	4
7	1	8	2	4	3	6	9	5

Puzzle # 186

5	1	4	2	7	6	3	8	9
9	2	7	8	5	3	6	4	1
8	3	6	1	9	4	7	5	2
2	6	8	9	1	7	5	3	4
7	5	3	6	4	2	1	9	8
4	9	1	3	8	5	2	6	7
3	4	9	5	2	1	8	7	6
6	8	2	7	3	9	4	1	5
1	7	5	4	6	8	9	2	3

Puzzle # 188

2	5	3	1	7	9	6	4	8
7	4	9	6	2	8	5	3	1
8	6	1	3	4	5	7	9	2
1	9	7	4	5	6	2	8	3
6	8	2	7	3	1	4	5	9
5	3	4	8	9	2	1	7	6
9	7	6	2	8	4	3	1	5
3	1	5	9	6	7	8	2	4
4	2	8	5	1	3	9	6	7

Puzzle #189

EASY

5	3	2						
	1			2	9	5		
6		9	5			1	2	8
2				6	5	3		7
	9				2			5
		6	3	9		2	4	1
						8	1	
3		4		1		7		9
			7	3			6	

"You can't wait for inspiration. You have to go after it with a club." – Jack London

Puzzle #190

EASY

		9	1			5	7	
		7		6				
8						1	3	6
5	9				3	6		4
	8	1	4	2				5
6	7	4		9			2	
	5	3			7			1
2			3		4			
		6			2	8	5	

"A diamond is merely a lump of coal that did well under pressure." – Unknown

Puzzle #191

EASY

6		7	4	3			8	
3	4	1			6	7		5
		5	7				4	6
2	6							3
	7				2	8	6	
			3				4	5
			6		1	9	3	
			8	2				
7	1		9	5			2	

"Life is like a sewer – what you get out of it depends on what you put into it." – Tom Lehrer

Puzzle #192

EASY

	2	5						6
	1	8	6	5				
	3	6	8	9				7
			9		4	6	5	3
1	6		3		5			
		4		2			1	
			1		9		7	
	9				3		6	8
6	7	2					9	

"Never let your sense of morals prevent you from doing what is right." – Isaac Asimov

Puzzle # 189

5	3	2	6	8	1	9	7	4
4	1	8	7	2	9	5	3	6
6	7	9	5	3	4	1	2	8
2	4	1	8	6	5	3	9	7
7	9	3	1	4	2	6	8	5
8	5	6	3	9	7	2	4	1
9	2	7	4	5	6	8	1	3
3	6	4	2	1	8	7	5	9
1	8	5	9	7	3	4	6	2

Puzzle # 191

6	9	7	4	3	5	2	8	1
3	4	1	2	8	6	7	9	5
8	2	5	7	1	9	3	4	6
2	6	4	5	9	8	1	7	3
5	7	3	1	4	2	8	6	9
1	8	9	3	6	7	4	5	2
4	5	2	6	7	1	9	3	8
9	3	6	8	2	4	5	1	7
7	1	8	9	5	3	6	2	4

Puzzle # 190

4	6	9	1	3	8	5	7	2
1	3	7	2	6	5	4	8	9
8	2	5	7	4	9	1	3	6
5	9	2	8	7	3	6	1	4
3	8	1	4	2	6	7	9	5
6	7	4	5	9	1	3	2	8
9	5	3	6	8	7	2	4	1
2	1	8	3	5	4	9	6	7
7	4	6	9	1	2	8	5	3

Puzzle # 192

9	2	5	4	3	7	1	8	6
7	1	8	6	5	2	9	3	4
4	3	6	8	9	1	5	2	7
2	8	7	9	1	4	6	5	3
1	6	9	3	8	5	7	4	2
3	5	4	7	2	6	8	1	9
8	4	3	1	6	9	2	7	5
5	9	1	2	7	3	4	6	8
6	7	2	5	4	8	3	9	1

Puzzle #193

EASY

	2	5		1			8	
						4		
			7		6			9
			4		8	5	7	
	4			9	3		6	
2		1		7	5	9	4	3
		8				6	3	
4			9	6		8	5	
7			8		2		9	

"People often say that motivation doesn't last. Well, neither does bathing; that's why we recommend it daily." – Zig Ziglar

Puzzle #194

EASY

8			9		1			5
6	5						1	
						8		
		9		8		5		
3		8				4		
	2		3		6	7		
4		1		5			6	7
7			8	1		2	5	9
	9	5	6		7	1		8

"I thought I was promiscuous, but it turns out I was just thorough." — Russell Brand

Puzzle #195

EASY

2	9		7	6		8		
8				1			9	4
3	4		5	9			2	
1	5		3					
9			8			4	5	
6				5	2			1
		8			7			
7	3		6		5	1	4	2
	1					7		

"Honesty is the key to a relationship. If you can fake that, you're in." — Richard Jeni

Puzzle #196

EASY

		8			5	6		
1	4			7			2	3
7			3	6		9		
				8	7			1
8	7		6	5				
					1			6
4	8				2	1		9
5		2	7	9		8		4
	6		4	1			7	

"A guy knows he's in love when he loses interest in his car for a couple of days." – Tim Allen

Puzzle # 193

9	2	5	3	1	4	7	8	6
6	7	3	2	8	9	4	1	5
8	1	4	7	5	6	3	2	9
3	6	9	4	2	8	5	7	1
5	4	7	1	9	3	2	6	8
2	8	1	6	7	5	9	4	3
1	9	8	5	4	7	6	3	2
4	3	2	9	6	1	8	5	7
7	5	6	8	3	2	1	9	4

Puzzle # 195

2	9	5	7	6	4	8	1	3
8	7	6	2	1	3	5	9	4
3	4	1	5	9	8	6	2	7
1	5	7	3	4	6	2	8	9
9	2	3	8	7	1	4	5	6
6	8	4	9	5	2	3	7	1
4	6	8	1	2	7	9	3	5
7	3	9	6	8	5	1	4	2
5	1	2	4	3	9	7	6	8

Puzzle # 194

8	4	3	9	2	1	6	7	5
6	5	2	7	4	8	9	1	3
9	1	7	5	6	3	8	2	4
1	7	9	4	8	2	5	3	6
3	6	8	1	7	5	4	9	2
5	2	4	3	9	6	7	8	1
4	8	1	2	5	9	3	6	7
7	3	6	8	1	4	2	5	9
2	9	5	6	3	7	1	4	8

Puzzle # 196

9	3	8	1	2	5	6	4	7
1	4	6	8	7	9	5	2	3
7	2	5	3	6	4	9	1	8
6	9	4	2	8	7	3	5	1
8	7	1	6	5	3	4	9	2
2	5	3	9	4	1	7	8	6
4	8	7	5	3	2	1	6	9
5	1	2	7	9	6	8	3	4
3	6	9	4	1	8	2	7	5

Puzzle #197

EASY

8	6	1		9	2	5		
			6		7	1		3
	5				4			
	2		4				9	
		7			6	3	2	1
		8	9		3	4	7	
		4	7				3	9
5				4				8
9					8	6		

"If love is the answer, could you please rephrase the question?" — Lily Tomlin

Puzzle #198

EASY

			2	8				4
4		2						
1	6			4	7	5		2
6			1	2			7	
	2	7		9	6	4		5
	3	1			4			8
7	1	5	4				9	6
				7		2	5	
		8	5			7	4	

"Love is a fire. But whether it is going to warm your hearth or burn down your house, you can never tell." – Joan Crawford

Puzzle #199

EASY

	3				6		9	5
6			3				7	2
7				5		6		3
			1	7	8	4		9
	7	9	6				1	8
				3	4		5	7
	2		4	1		7		
9		7	2			5		
		4						

"My best birth control now is just to leave the lights on." — Joan Rivers

Puzzle #200

EASY

9		7		1				
				6		7	3	8
8		6		5	7			2
	7	4			5		2	3
5					6		1	
	2		7				5	
	8	1			9			5
7			5		3	2	4	
3					6			

"People who throw kisses are hopelessly lazy."

– Bob Hope

Puzzle # 197

8	6	1	3	9	2	5	4	7
2	4	9	6	5	7	1	8	3
7	5	3	8	1	4	9	6	2
3	2	5	4	7	1	8	9	6
4	9	7	5	8	6	3	2	1
6	1	8	9	2	3	4	7	5
1	8	4	7	6	5	2	3	9
5	3	6	2	4	9	7	1	8
9	7	2	1	3	8	6	5	4

Puzzle # 199

8	3	2	7	4	6	1	9	5
6	4	5	3	9	1	8	7	2
7	9	1	8	5	2	6	4	3
2	5	3	1	7	8	4	6	9
4	7	9	6	2	5	3	1	8
1	8	6	9	3	4	2	5	7
5	2	8	4	1	9	7	3	6
9	1	7	2	6	3	5	8	4
3	6	4	5	8	7	9	2	1

Puzzle # 198

5	7	9	2	8	3	1	6	4
4	8	2	6	1	5	9	3	7
1	6	3	9	4	7	5	8	2
6	5	4	1	2	8	3	7	9
8	2	7	3	9	6	4	1	5
9	3	1	7	5	4	6	2	8
7	1	5	4	3	2	8	9	6
3	4	6	8	7	9	2	5	1
2	9	8	5	6	1	7	4	3

Puzzle # 200

9	3	7	8	1	2	5	6	4
2	1	5	9	6	4	7	3	8
8	4	6	3	5	7	1	9	2
6	7	4	1	9	5	8	2	3
5	9	8	2	3	6	4	1	7
1	2	3	7	4	8	9	5	6
4	8	1	6	2	9	3	7	5
7	6	9	5	8	3	2	4	1
3	5	2	4	7	1	6	8	9

Thank You

I hope you've enjoyed these puzzles. This book was a lot of fun to make and I love solving them, too.

Be sure to watch for more great puzzle books from us at Popular Printables. There's lots more to come with different difficulty levels, types of puzzles, etc.

Have a great brain day!